KB067287

우물가 두레박

마음의 평화와 행복한 삶을 위한

3분 생활묵상

우물가 두레박

최상석 지음

동연

추천의 글

그리스 철학자 소크라테스Socrates는
"탐구되지 않은 인생은 살 가치가 없다"고 말했습니다.
인생과 의미에 대해 조사하고 반성하는 시간을 갖는 것,
오늘날의 분위기에선 거의 반문화적인 것 같습니다.
매일의 일정을 바로 잡지 못할 경우가 많습니다.
하루 중 매 시간마다 무언가가 채워져 있음으로,
거기서 우리는 자신의 중요성과 성취감을 느끼곤 합니다.
첨단 통신 기술을 통해 즉각적으로 회신을 해야 하고
또한 즉시 응답을 보내기를 당연히 기대합니다.
인생에 대한 반성과 숙고를 위한 시간은 거의 없습니다.
그러나 계속 더 빠르고 바쁜 삶을 살다 보면,
더 얕은 인생을 살 수 밖에 없습니다.
삶의 더 깊은 의미를 찾으려면
인생을 가끔 늦추고 또 멈추면서 개인 생활의 사건을 들여다보고
명상하는 시간을 필요로 하는 것 같습니다.

이 묵상의 책을 읽으시면서 독자들이 잠시 멈추고
인생의 다양한 테마와 토픽을 삶에 반영하시기를
최상석 신부님은 권유하고 있습니다.
이 명상들은 예수님과의 만남과 묵상 안에서의

하느님과의 만남에 관한 이야기입니다.

침묵의 명상을 통해

그는 하나님의 진리의 원천에서 영원한 생명의 물인 하나님의 말씀을
길어 올립니다.

그는 자연과 삶의 환경에 열정적인 마음을 갖고 계십니다.

길가에 있는 작은 꽃이나 물속의 한 마리 물고기 또는 바람에 날리는
곤충은 모두 하나님의 현존과 삶을 볼 수 있게 하는 창문입니다.

이 책은 미국에서 신부님의 이민 사역 중에 행하신 묵상의 모음입니다.

성소의 어려움과 외로움에도 불구하고 그는 계속해서 말씀의 원천으
로 돌아 왔습니다.

목마른 사람이 우물을 판다고 합니다.

이 책은 목마른 사람이 퍼 올린 묵상의 모음입니다.

저는 이 책이 인생의 더 깊은 의미를 찾고 있는 많은 사람들에게 도움
이 될 것이라고 믿습니다.

신알렌 주교

미국 성공회 뉴욕교구

The Greek philosopher, Socrates, said, "Life unexamined is not worth living."

Taking the time out to examine and reflect upon life and its meaning is almost counter-cultural today's atmosphere.

The daily schedule is out of hand.

Every hour of the day is filled with something, and that gives us a sense of importance and accomplishment.

With the highly advanced communication technology we expect immediate answers and we are expected to reply immediately.

There is little time, if any, for reflection and pondering upon life.

Yet, the faster and the busier life becomes, the shallower life seems to become.

The search of a meaning of life requires slowing down and stopping to examine and meditate upon the events of the personal life.

In this book of meditations,

Fr. Choi invites the readers to do just that, to stop for a moment and reflect upon various themes and topics of life. Meditations tell the story of his walk with Jesus and his encounters of God in silence.

Through silent meditations, he draws the water of eternal life, the word of God, from the wellspring of the truth of God.

He is passionate about the environment of nature and life.

A small flower on the roadside or a fish in the water or an insect being blown in the wind all become the window into God's presence and life.

This book is a collection of meditations during his immigrant ministry in the United States.

Despite the challenges and loneliness of this call,

he kept coming back to the wellspring of the Word.

It is said it takes a thirsty man to dig a well.

This book is a collection of meditations drawn by a person thirsty for meaning.

I believe this book will help to many people who is searching for a deeper meaning of life.

Allen K. Shin, Suffragan Bishop

New York Diocese of Episcopal Church

책머리에

모든 분께 평안과 생명의 풍성함을 빕니다.

언제부턴가 만나고 헤어질 때 나누는 인사말에 마음이 갔습니다. 민족마다 다르지만 대개 인사 첫마디를 통하여 안부, 평안, 평화, 건강, 숨, 영spirit, 좋음, 형통, 식사 여부 등을 묻거나 이러한 상태가 되도록 빌어주는 축복祝福, blessing의 말을 나눕니다. 글이 없는 민족은 있어도 인사 없는 민족은 없습니다.

하와이 호놀룰루를 방문한 적이 있습니다. 거기서 '알로하Aloha'라 는 하와이 인사말을 들었습니다. '알로하'라는 인사말이 마음 깊이 들 어왔습니다. '알로'와 '하'로 이루어진 '알로하'는 생명의 숨Breath of life 혹은 정신이나 영의 뜻을 지닌 '하Ha'를 나누는 인사입니다. 하ha는 뱃 속 깊이 숨을 들이 킨 상태에서 코와 입을 통해 나오는 소리입니다. 하ha 안에는 환영과 인사greetings, 존경심regards, 친절kindness, 연민 compassion, 아낌과 보살핌affection, 사랑love 등 하와이 원주민들의 마음 과 정신이 포함되어 있습니다. 그러므로 알로하라는 인사말을 글자 그대로 풀이하면 "내 숨결을 당신에게 드립니다" 혹은 "내 숨결, 내 생 명을 당신에게 드릴만큼 당신을 사랑합니다"라는 의미를 담고 있습니 다. 인사 첫마디에 매우 심오하며 풍성한 사랑과 존경을 담은 참 좋은 인사말입니다.

우리는 왕래하는 길은 물론 인생의 모든 길 위에서 인사를 나눕니다. 만나고 헤어지는 순간, 각종 잔치나 축하의 자리, 심지어 고통과 슬픔의 자리 등등 모든 자리가 인사의 자리입니다. 모든 만남은 인사로 시작하고 인사로 헤어집니다. 인사란 어떤 민족이나 공동체가 지향하는 최고의 가치나 상태를 나누고 빌어주는 것입니다. 그런 면에서 인사는 단순한 예의범절을 넘어 비록 짧고 간단한 말이지만 그 속에 공동체가 지향하는 최고의 가치를 담아 나누는 아름다운 만남의 행위입니다. 인사는 진심을 담은 공동체의 기원이자 축복의 의식입니다. 교회 용어로 말하면 인사는 서로를 반갑게 하고 존경하며 서로에게 평안과 복을 빌어주는 생활 속 성사聖事입니다.

장황하게 제 나름 인사의 의미를 소개한 것은 길을 가는 여러분들과 길 위에서 인사를 나누고 싶었기 때문입니다. 미국의 한인교회에서 교우님들과 함께 살아가면서 일상생활 속에서 건져 올린 묵상黙想을 나누고 싶었습니다. 2012년에 미국 워싱턴 D.C.에서 멀지 않은 락빌Rockville, MD에서 교회를 시작하였고 2018년부터 페어팩스Fairfax, VA에서 한인교회를 섬기고 있습니다. 교회를 개척하면서 그리고 사제의 길을 걸으면서 길 위에서 만난 여러분들과 나눈 인사와 기도의 마음을 엮어 책을 꾸렸습니다.

미국 한인교회의 사목 약 6년 동안 많은 분들을 만났고, 여러 가지 일들을 경험하였습니다. 믿음의 형제자매의 도움 없이는 살아갈 수 없는 의존적 존재임을 깨달았고, 낯선 곳에서 당황하여 어찌할 바를 모르는 경우를 허다하게 겪었으며, 이민 사회의 독특한 환경에 계신 분들이나 매우 특별한 성향을 지닌 분들도 만났습니다. 주님을 뵌 듯 맑고 따듯한 분들 또한 많이 만났습니다. 적절한 위로의 말이 떠오르지 않을 만큼 아픔과 슬픔을 겪은 분들, 외롭고 쓸쓸해 하는 분들, 자녀가 잘 되고 사업도 잘되어 겹치는 경사로 기뻐하는 분들, 겸손하고 조용하게 구도求道의 길을 가는 분들, 원대한 꿈을 이루고자 노력하는 젊은이들도 만났습니다.

비록 멀리 떨어져 있지만 고국에서 열심히 기도해 주시고 정성껏 선교후원금을 보내주시는 분들에 대한 고마움과 그리움도 깊이 경험했습니다. 꾸준히 보내주신 선교후원과 기도는 제가 여기서 교회 개척을 할 수 있도록 붙잡아 준 큰 힘이었으며, 시간이 지나면 나타날지도 모를 사목자의 게으름, 나태, 열정의 식음, 포기 등의 유혹에서 저를 지켜 준 천둥같은 영적 격려이기도 했습니다. 이 부족한 책은 주님 안에서 대면한 이러한 만남과 선교후원 덕분에 나오게 되었습니다. 교회 개척 6년 동안 힘들면 힘든 대로, 두려우면 두려운 대로, 외로우면 외로운 대로 샘이 깊은 주님 말씀의 우물가에 앉았습니다. 길 위에서 만난 분들과 함께 기쁘면 기쁜 대로, 슬프면 슬픈 대로 말씀의 우물가에서 묵상의 두레박으로 길어 올린 말씀을 나누었습니다.

이 책은 100여 개의 묵상을 담고 있지만 제목의 순서는 특별한 의미가 없습니다. 일들이 일어나는 대로, 사람을 만나는 대로 길어 올린 묵상을 실었습니다. 인생과 생활 속에서 일어나는 일들은 도무지 순서가 없기 때문입니다. 편한 마음으로 부담 없이 아무 곳이나 펴서 읽으시면 됩니다. 분량이 길지 않기에 대략 3분 내외면 한 제목을 읽을 수 있습니다. 성경 본문은 공동번역(개역판)으로 하였고 필요한 분들을 위하여 NRSVNew Revised Standard Version 영어 성경 본문도 함께 실었습니다.

책 제목은 '우물가 두레박'으로 정했습니다. 시골에서 나고 자라서 그런지 마음에 간직하고 싶은 풍경을 들라면 거의 다 시골 풍경들입니다. 그 가운데 아직도 또렷하게 남아 있는 기억은 정겨운 우물가 모습입니다. 대개 둥그렇거나 네모난(井) 모양의 우물이 있고, 그 옆에 두레박이 놓여 있습니다. 두레박은 집집마다 달랐던 기억이 납니다. 나무로 맵시 있게 만든 것도 있고, 양철로 된 페인트 통이나 군인의 철모속 화이바도 있고, 새로 나온 플라스틱 두레박도 있었습니다.

사실 우물가는 저만의 기억이 아니라 성경에도 많이 나옵니다. 성경을 보면 우물가는 하느님 백성들의 삶의 중심이었습니다. 믿음의 조상 아브라함이나 이사악이나 야곱의 삶은 우물과 떼어 놓을 수 없습니다. 많은 사람들이 우물에서 만났습니다. 예수께서도 우물가에서 한 여인에게 진리를 깨우쳐 주셨습니다. 비록 세상의 우물은 사라져가도 영원한 생명수의 근원인 말씀의 우물은 영원할 것입니다. 낮이고 밤이고 말씀의 우물에서 자신의 두레박으로 영원한 말씀을 길어 올리는 일이 사제의 일이 아닌가 합니다.

가장 일반적인 문학 구성의 방식은 기승전결起承轉結이라고 합니다. 모든 글이나 이야기나 드라마의 종착점은 결론 곧 마무리를 지니고 있습니다. 인생이 드라마라면 그 인생의 전개는 기-승-전-감사感謝가 아닐까 합니다. 저의 인생 역시 기승전'감사'입니다. 주님과 함께 사는 인생의 결론은 감사가 아닌가 합니다. 주님께 감사드립니다. 길 위에서 만나 인사를 나눈 모든 분에게 감사드립니다. 기도와 후원으로 함께 해주신 고국의 교우님들께 감사드립니다. 미국 이민의 녹록하지 않은 삶을 힘차게 살아가시는 성공회 워싱턴교회의 형제자매님들께 감사드립니다. 멀리 떨어져 계시지만 자녀들을 위한 기도로 아침을 여시는 어머니께 감사드립니다. 사목자의 아내라는 쉽지 않은 길을 싫은 내색 없이 함께 걸어주는 아내, 그리고 자녀들에게 감사의 마음을 전합니다.

감사합니다. 알로하_{Aloha}!

2019년 새해를 맞이하며

최상석(아타나시오) 사제 드림

차례

하나,

꽃 피우는 마음

길의 생명은 '바름'입니다

성경 말씀

… 나는 길이요 진리요 생명이다

... I am the way, and the truth, and the life

(요한복음John 14:6, 공동번역; NRSV).

길의 쓰임새는 매우 다양합니다.

돌담길, 골목길, 시골길, 언덕길, 둘레길, 오솔길, 뱃길, 고속도로….

부모의 길, 자녀의 길, 사람의 길, 학생의 길, 신앙인의 길….

길의 어원말뿌리은 다양합니다.

흙을 의미하는 '딜 혹은 질'에서(예: 질그릇) 왔다는 설도 있지만 선뜻 확신이 서지 않습니다.

아마도 길의 어원은 길처럼 길게 생각해야 궁금함이 풀릴 듯합니다.

걸어 다니는 길path, road이나, 살아가는 인생길way이나,

길은 모두 우리의 삶을 실어 나르는 올바른 길道이어야 합니다.

길 아닌 길에 있는 삶은 죽은 삶입니다.

그러므로 늘 자신이 서 있는 길에서 길道을 물어야 합니다.

한 시인은 길을 이렇게 노래합니다.

어디에나 길은 있고, 어디에도 길은 없나니,

노루며 까막까치, 제 길을 열고 가듯,

우리는 우리의 길을, 헤쳐가야 하느니…

_ 장순하, 〈지쳐 누운 길아〉

대개 길을 찾을 때 빠르고 넓고 편한 길을 찾습니다.

이런 길은 나중에 후회, 부작용, 비리非理, 불법, 멸망으로 이어질 때가
많습니다.

하여, 선인先人의 말처럼 아예 길이 아니면 가지 말아야 합니다.

길의 생명은 '바름正'에 있습니다.

빠름, 넓음, 쉬움이 꼭 나쁘다고 할 수는 없으나 길의 본질은 아닙니다.

성경은 '바른 길'을 강조합니다.

예수께서는 스스로 길the Way이라 말씀하셨습니다.

주님이 곧 사람이 걸어야 할 바른 길이고,

무상無常의 계곡과 욕심의 바다를 건너는 진리의 길입니다.

땅에서 하늘로 이어지며, 죽음을 넘어 영원한 생명에 이르는

우리 모두가 걸어야 할 바로 '그 길the Way'이십니다.

마음, 새로운 변화의 발원지

Happy New Year!

새해가 되면 주고받는 인사입니다.

새해 벽두에 가장 많이 듣는 말을 들라면 '새new'라는 말과 '변화change' 라는 말입니다. 유명 인사나 기업 CEO들의 새해 메시지를 들어보면 대부분 '변화'를 강조합니다.

새해를 시작하며 과거와 다른 새로운 그 무엇을 기대하는 마음이 큰 것 이지요. 그래서인지 새해의 마음을 담은 시들은 특별함이 있습니다.

　　… 새해에는 뉘우치게 하소서…

　　… 새해에는 스스로 깨우치게 하소서…

　　… 새해에는 사랑하게 하소서…

새날은 기다린다고 오는 게 아니라 발 벗고 찾아 나서야 오는 거라고…
_ 안도현, 〈새해 아침의 기도〉

새로움이나 변화의 바람은 어디서 올까요?

동풍東風은 동에서 남풍南風은 남에서 온다고 합니다.

그러나 새바람, 변화의 바람은 동쪽도 남쪽도 아닌 마음에서 시작됩니다.

시대를 바꾸고, 세상을 바꾼 정신과 문명의 새로운 바람, 변화의 바람은

나만이 아니라 모두를 생각하는 대동大同을 품어 안는 넓은 마음,

참되고 선하며 아름다움을 추구하는 구도求道의 마음,

불편과 단점, 모순과 한계를 뛰어넘으려는 혁신革新의 마음,

긍정과 미래지향이 자리한 열린 마음에서 시작되었습니다.

날마다 새로워지고 깊어지고 넓어지며

진선미眞善美를 추구하려는 마음이 모든 새로움과 변화의 시작입니다.

성경은 마음과 생각을 새롭게 하여 새사람으로 갈아입으라 말씀합니다.

새해를 맞이하며 가장 먼저 해야 할 일은 마음과 생각을 새롭게 하는 것입니다.

우리의 마음이 세상의 한 모퉁이를 더 낫고, 더 따듯하고, 더 새롭게 하는 신선한 변화의 바람을 일으키는 발원지發源地가 되어야 합니다.

하느님은 사람의 마음을 새로 지어주시고 뜻을 세워 주시는 분입니다 (시편 51:10).

모든 존재와 새로움의 근원이신 하느님으로부터 나오는 마음에서 '새로움'이 나옵니다.

주님 안에서 마음과 뜻이 새로워지는 은혜가 있기를 원합니다.

오늘도 크고 즐겁게 "Welcome!"

성경 말씀

그러므로 그리스도께서 여러분을 받아들이신 것같이 여러분도 서로 받아들여서 하느님의 영광을 드러내십시오

Welcome one another, therefore, just as Christ has welcomed you, for the glory of God

(로마서Romans 15:7, 공동번역; NRSV).

Welcome! 환영합니다! 어서 오세요!
미국에 와서 제가 가장 많이 보고 들은 말 가운데 하나입니다.

환영한다, 우리 겨레의 말로는 '받아들임accept'의 뜻을 담고 있습니다.
우리는 이런저런 자리에서 환영받은 경험이 있습니다.
어느 자리에서 누구에게 진심으로 '받아들여지는 사람'으로, 환영받을 때처럼 흐뭇한 적도 없습니다.
세상을 보면 진정한 환영을 보기가 쉽지 않습니다.
언론을 통하여 낯선 사람, 외국인, 난민 등을 대할 때 거부, 외면, 무시, 백안시白眼視, 홀대, 감시, 배척하는 모습을 자주 접합니다.
쉽게 사람을 타인他人으로 경계하고 짐처럼 여기는 세상입니다.

만나는 모든 사람에 대하여 마음에서 우러나오는 따듯한 배려가 필요합니다.

서로 반갑게 손을 내밀어 나의 귀한 손님으로 받아들이는 'Welcome'이 필요합니다.

마음을 열어 "Welcome!"해야 할 대상이 어찌 사람뿐이겠습니까?

나 자신에게 Welcome해야 합니다.

지금 여기의 삶을 이어주는 오늘에게도 Welcome입니다.

하늘이나 땅에게, 물과 나무와 꽃 한 송이에게도 Welcome!

맑은 날은 맑은 대로 궂은날은 궂은 대로 Welcome!

심지어 때로 아픔이나 고난이나 불행이 찾아와도 Welcome!

낮은 사람, 높은 사람, 불편한 사람이 찾아와도 Welcome!

하느님의 말씀과 성령님은 당연히 Welcome!

오늘 만나는 모든 사람들에게 반갑게 Welcome!

오늘 해야 할 크고 작은 모든 일들에게도 기쁘게 Welcome!

모두를 환영하고, 모든 것을 따듯이 받아들이는 Welcome의 삶은
일상에서 모든 것이 서로 합력合力하여 선을 이루게 하고
하느님의 영광을 드러내는 긍정과 행복의 열매를 맺습니다.

들음의 축복

새해를 시작하며,

올해에는 좋은 '들음'이 많았으면 하는 마음을 가져봅니다.

기왕이면 어둡고 흉한 소식보다는 밝고 좋은 소식을,

부정적이고 각박한 말보다는 훈훈하고 고운 미담美談을,

씁쓸하고 공허한 이야기보다는 차향茶香 우러나오는 담백하고 청아한
이야기를,

마음에 큰 울림을 주는 천둥 같은 소리를 듣는 새해가 되었으면 합니다.

'듣다' 혹은 '들음'은 어디서 나오는 소리를 듣고

마음에 그 의미를 받아들이는 것을 뜻합니다.

그러므로 '들음'은 귀와 마음으로 하게 됩니다.

감각기관인 귀로 소리를 듣고hear,

마음으로 새기고 받아들여 이해한 바를 그대로 실천하는 것을
듣는다고 합니다.

들음의 중요함을 찾아보는 것은 그리 어렵지 않습니다.
이청득심以聽得心이란 말이 있습니다.
잘 들으면 상대방의 마음을 얻는다는 말입니다.
들음은 지혜와 멀리 있지 않습니다.
말하는 것은 지식의 영역이고 듣는 것은 지혜의 영역이라는 말이
그 말입니다.
구약성경 가운데 특별히 신명기申命記는 들음을 강조합니다.
"너 이스라엘아 들어라Hear, O Israel"(신명기 6:4).
주님의 제자 시몬 베드로의 이름 시몬Shimon도 히브리어 듣다쉐마, shema
에서 온 이름입니다. 가끔 마주치는 '아우디Audi'라는 자동차 회사의
이름 역시 라틴어 듣다Audire에서 왔습니다.

성경은 "들을 귀"가 있어야 한다고 말씀하십니다.
새해에는 귀와 마음 크게 열어 많이 들었으면 합니다.
좋은 소리, 깊은 뜻 담은 가르침, 아름다운 이야기,
상대방의 마음 소리 등등.
들어야 할 소리를 잘 듣는 한 해가 되었으면 합니다.

무엇보다 마음을 기울이고 정성을 다하여
영원한 생명으로 인도하는 주님의 말씀을
공손히 듣고 깊이 새기는 축복이 있기를 소망합니다.

봄은 봄seeing의 계절

성경 말씀

··· 농부는 땅이 귀중한 소출을 낼 때까지 끈기 있게 가을비
와 봄비를 기다립니다

... Behold, the farmer waits for the precious fruit of the
earth, being patient over it until it receives the early
and the late rain(야고보James 5:7, 공동번역; NRSV).

봄! 봄입니다.

입춘立春도 지났고, 봄비도 내립니다.

봄은 새롭고 설레고 신비로운 계절입니다.

'봄'은 글자 모양도 부드럽고, 어감도 따듯하고 좋은 한겨레의 말입니다.

봄의 말밑어원, 語源은 여러 가지 설이 있습니다.

봄에는 나무의 눈, 새싹, 꽃, 동물들 등등

볼거리가 많다는 의미를 담은 말인

'보다見, seeing'에서 왔다는 주장이 있습니다.

봄은 또한 풀이나 나무를 비집고 '움'처럼 무엇이 솟아나는 계절을 의
미하기도 합니다.

봄을 뜻하는 한자어 춘春은 뽕나무 상桑자와 따뜻한 해日자가 합쳐진 것으로 따스한 봄 햇살을 받아 뽕나무에 새 움이 돋는 것을 뜻한다고도 합니다.

봄을 뜻하는 영어 'spring'은 언 땅에서 맑은 물이 솟아 나오는 샘이나, 나무에 물이 올라bring water 싹이 트는 계절을 뜻 한다고 합니다.

봄은 정말 볼거리seeing도 많고,

여기저기 새싹의 움이나 얼었던 물들이 솟아나는 약동躍動의 계절입니다.

늘봄을 별호別號로 둔 문학가도 있듯,

우리의 마음이 늘always '봄'이었으면 합니다.

엄동설한의 한기를 이겨낼 수 있는 것도 어쩌면 만물이 다시 생명의 기운으로 살아나는 봄이 온다는 것을 알고 있기 때문입니다.

인생의 냉랭한 추운 겨울을 참고 참으며 견디어 내는 것도 곧 봄날이 오리라는 희망 때문입니다.

봄을 기다리는 마음이 기도입니다.

농부가 봄비 기다리듯, 우리의 마음 밭에 성령의 단비가 봄비처럼 내리기를 기다립니다.

성령의 봄비 내리면, 메말랐던 나뭇가지에서 새싹 돋듯 시들었던 일상의 삶에서

다시 희망과 기도의 봉오리 움틀 것입니다.

들판의 노고지리 운율에 맞추어 절로 하느님께 찬양의 춤 나올 것입니다.

언 눈 밑으로 흐르는 샘물처럼 사랑과 용서의 마음 흐르게 할 것입니다.

여기저기 새싹 솟고, 꽃봉오리 움트며,

온갖 생명이 약동하는 새 봄입니다.

새싹처럼, 봄 나무처럼

사랑과 기쁨의 물오르게 하는 '봄의 삶'을 살고 싶습니다.

'봄 처녀' 제 오고, '봄 사람' 예 오는 약동하는 새 봄이 되었으면 합니다.

기도하며 살고, 살며 기도하고

기도祈禱! Prayer!
기도에 대한 설명은 참 많습니다.

기도는 영혼의 호흡이요 대화이다.
기도는 살아있음의 표시다.
기도는 존재의 근원이시며
전지전능하신 절대자絶對者 하느님을 향한 영혼의 갈망渴望이다.
기도에 대한 모든 설명은
기도는 모든 인간, 특별히 진리를 추구하고 사랑의 삶을 살아가려는
진실한 사람들의 삶의 본질本質임을 말해 줍니다.

숨 쉬지 않으면 살아 있을 수 없는 것처럼, 기도하지 않으면 크리스천이 아
니다.

교회개혁자 마르틴 루터의 말입니다. 그러므로 그리스도인이라면, 기도에서 말이 나오고 행동이 나와야 합니다. 그런 말은 따뜻하며 향기롭고 부드럽습니다. 그런 행동은 선하며 겸손하고 거룩합니다. 기도 없이 나오는 생각이나 말이나 행동은 상처와 다툼의 원인이 됩니다.

기적의 시작도 기도입니다. 간절한 기도가 있을 때 비로소 보이지 않던 눈이나 귀가 열려 보고 듣게 되는 은혜를 받습니다. 기적입니다. 깊은 기도는 고난과 불행 속에서 축복을 발견하게 합니다. 맑은 기도는 평범한 일상 속에서 감사와 행복을 발견하게 합니다. 이것이야말로 놀라운 기적입니다. 기도는 일상의 범사가 하느님의 은혜요, 축복이요, 기적임을 발견하게 합니다. 기도는 일상의 삶이 곧 하느님의 자비요 기적임을 드러나게 해줍니다.

행복한 인생의 왕도王道가 있다면 기도입니다.
성경에서 말씀하는 바처럼 암사슴이 시냇물을 찾듯이 갈급하게
하느님을 찾는 것입니다.
하느님에게 귀를 기울이는 것입니다.
하느님 앞에 자신을 여는 것입니다.
이런 기도는 삶의 변화를 가져옵니다.
기도의 가장 큰 응답이란 곧 삶의 변화입니다.

종교학자들은 생명 잃은 종교宗敎들이 사라질지라도, 종교의 핵심인 기도는 없어지지 않을 것이라고 말합니다. 기도가 모든 것의 시작이며 중심입니다. 그리스도인은 기도하며 살아야 하고, 살며 기도해야 합니다. 예수님처럼 기도와 삶이 하나이어야 합니다.

희망이 힘입니다

성경 말씀

희망을 가지고 기뻐하며 환난 속에서 참으며 꾸준히 기도하
십시오
Rejoice in hope, be patient in suffering, persevere in
prayer(로마서Romans 12:12, 공동번역; NRSV).

희망希望! Hope!
나폴레옹은 자신의 사전에 '불가능'이란 말이 없다고 했지만,
'희망'이란 말은 세상 모든 이들의 사전에 없어서는 안 될 낱말입니다.
오히려 인생 사전의 맨 앞에 있어야 할 단어가 아닌가 합니다.

하늘에 반짝이는 별이 있어
거칠고 고된 세상에 실망한 사람들에게 새 힘을 준다면,
사람의 마음에는 희망이라는 별이 있어 인생의 바다에서 지친 사람들
을 붙잡아 줍니다.

성경은 희망을 가지고 기뻐하며 환난 속에서 참으며 꾸준히 기도하라
고 말씀합니다.

희망의 삶으로의 초대입니다.

희망은 시련과 유혹의 흔들림 속에서
난파하지 않도록 고정시켜 주는 인생의 닻입니다.
희망은 행동과 삶의 원칙을 붙잡아 주는 인생의 심오하고 굳센
철학입니다.
희망은 모든 것을 내려놓게 될지라도 결코 내려놓거나 포기할 수 없는
신념입니다.
희망은 때로 지나야 할 낙심과 절망의 계곡을 건너는 뗏목이요,
삶의 방식입니다.
희망은 모든 것들이 사라졌다고 포기할 때 그때에도 남아 우리를
일으켜 주는 힘입니다.

성경은 사랑이, 진리가, 정의가, 평화가, 믿음이, 영원한 생명이
우리가 찾아야 할 희망이라고 말씀합니다.
이런 모든 것들이 희망인 것은
이런 모두가 하느님에게서 나오기 때문입니다.
하느님은 희망의 근원이십니다.
하느님이 희망입니다.
긍정적 삶을 외쳤던 노반 빈센트 필은 '희망을 습관화하라'고 말합니
다. 그는 희망이 인생의 습관이요 삶의 태도가 되었을 때
행복한 삶의 주인공으로 살게 된다고 말합니다.
오늘도 '희망'이 있는 삶,
어두운 세상에 '희망'의 촛불을 함께 나누며,
희망에서 오는 힘으로 살아가는 '희망의 사람'이 되고자 합니다.

인생에 필요한 또 다른 힘

성경 말씀

그래서 나는 … 더없이 기쁜 마음으로 나의 약점을 자랑하려
고 합니다
So, I will boast all the more gladly of my weakness, so
that... (2 고린토2 Corinthians 12:9, 공동번역; NRSV).

어린 시절 친구들과 모이면 힘자랑하던 생각이 납니다.
구상유취口尚乳臭의 애송이 행동이었습니다.

세상을 살려면 '힘'이 있어야 한다고 합니다. 맞는 말입니다.
그런데 보통 힘을 강한 것strong으로만 생각하는 경향이 많습니다.
힘 있는 사람은 강하고 이겨야만 한다고 생각합니다.
양보하거나 참거나 물러서면 힘없는 사람이라 생각합니다.
그러나 그렇지 않습니다.
강함strong은 힘의 반쪽에 지나지 않습니다.
그것이 결코 힘 전체를 의미하지 않습니다.

인생에 필요한 또 다른 힘이 있습니다.

어쩌면 힘의 진정한 면은 그 쪽에 있을지 싶습니다.

진정한 힘은 새싹처럼 부드럽고, 봄볕처럼 따뜻하며,

어머니의 품처럼 넓고 깊습니다.

약해 보이지만 강합니다.

부드러움, 따뜻함, 이해력, 포용력, 너그러움, 용서, 온유,

분별력, 자제력, 꿈, 희망, 신앙 등등이 그런 힘입니다.

바울로 사도는 세상의 힘이 아니라 '자신의 약함'을 자랑하였습니다.

바울로 사도는 자신의 약함을 통하여 하늘의 힘 곧 '힘없는 힘'을

경험합니다.

아무리 험악하고 난폭한 폭력배 일지라도 천진난만 갓난아기 앞에서

는 힘을 쓸 수 없습니다. 천진무구 아기에게는 '힘없는 힘'이 있기 때문

입니다.

성경은 우리에게 "힘을 내라!" 하십니다.

이는 강한 힘이나 완력을 의미하지 않습니다.

'힘없는 힘'을 내라는 의미입니다.

하늘로부터 오는 온전한 힘, 진정한 힘, 새로운 힘을 내라는 말씀입니다.

참으로 강한 힘은 '힘strong 없는 힘'입니다. 유약해 보이는 펜pen이 칼

보다 강하다고 합니다. 공포의 핵무기보다 강한 것은 평화입니다. 평

화만이 핵무기를 쓸모없는 무용지물 고철덩어리로 만듭니다. 무력武力

을 이기는 진정한 힘은 무력無力에 있습니다.

일견 무력해 보이는 예수님의 십자가가 이를 말해 줍니다.

하늘로부터 오는 진정한 힘은 약한 듯하지만 참으로 강하며, 영원히
힘찹니다.

주께서 주시는 사랑과 용서, 오래 참음 같은 힘이 그러합니다.

이 힘으로 살아야 합니다. 하늘로부터 오는 힘은 이기고 짐이 없는
'힘없는 힘'이지만, 내면의 욕망이나 세상의 시련과 유혹 가운데 우리
를 지켜주는 진정하며 영원한 힘입니다.

싱그럽고 은은한 향인香人의 하루

어떤 향기를 좋아하시는지요?
사람마다 좋아하는 향기가 있습니다.
어릴 적 부모님과 논밭을 오가며 맡았던
초여름의 찔레꽃 향기는 아직도 코끝에 남아 있습니다.

사람마다 특별한 냄새가 있다고 합니다.
대개 코를 통하여 맡는 모든 것을 냄새라고 하며,
그 가운데 좋은 냄새를 향기香氣, fragrance, 나쁜 냄새를 악취라고 합니다.

냄새와 같은 말로 '내음'이 있습니다.
냄새는 '내음새'의 준말로, 내어[내]와
으밀아밀(남이 모르게 비밀스레 이야기하는 모양)을 뜻하는 [음]
그리고 새어나옴을 뜻하는 [새]가 합쳐진 말이라고 합니다.

다시 풀이하면, 냄새는 '나의 존재를 내어, 으밀아밀 새어 나오게 나를 드러내는 것'을 뜻한다고 합니다.
자신도 모르게 '후각적 요소'로 스스로 자신을 드러내는 냄새는 일종의 '자기 드러냄'입니다.
스스로 드러내기에 자신에게 나는 냄새는 막을 수 없습니다.
꽃은 저절로 꽃향기가 나고, 썩는 것은 아무리 덮어도 썩은 냄새가 나는 이치입니다.

냄새로 자신의 존재를 드러내는 것들이 많이 있습니다.
우리의 몸도 그러합니다.
많은 사람이 향수香水를 찾는 이유이기도 합니다.
몸뿐 아니라 우리의 행동이나 인품人品에서도 냄새가 나온다 합니다.
기왕이면 나에게 나오는 냄새가
악취가 아니라, 싱그럽고 은은하며 상큼한 향기이면 좋겠습니다.

성경은 우리가 그리스도의 향기aroma라고 말씀합니다.
참으로 과분하면서도 매우 기분 좋은 말씀입니다.
오늘도 나의 입술과 성품을 통하여,
선하고 너그러우며 풋풋한 일상의 삶을 통하여
주님의 향기를 발하는 삶을 살고 싶습니다.
길이요 진리요 생명이신 예수 그리스도의 영원히 가시지 않는 향기를
이웃에게 발하는, 싱그럽고 은은한 향인香人의 하루로 오늘을 살고 싶습니다.

늘 '첫 마음, 거룩한 마음'으로 사는 길

새해를 전후하여 경관이 좋은 일출이나 일몰 장소를 찾아가는 사람들이 많이 있습니다.

굳이 물리적 현상으로 보면 새해 첫날 높은 산이나 동쪽 바다에서 맞이하는 새해의 일출日出이나 어제 떠올랐던 해나

그리고 내일 떠오를 해도

그렇게 크게 다르지 않을 것입니다.

새해 첫날의 태양이 삼백예순다섯 날의 어느 한 날에 떠 오른 태양과 비교하여

그렇게 유별한 차이는 없을지 싶습니다.

그럼에도 새해의 일출이나 새해 첫날을 맞이하는
첫 마음의 다짐은 아마도 세상 모든 사람이 같을 것입니다.

새해의 첫 마음을 마음에 담거나 글자에 담아,
한 해의 좌우명座右銘. motto이나 신년 휘호揮毫로 삼기도 합니다.
이는 옆에 두고 스승 삼고 도반道伴삼아 1년 내내 '마음 다짐'을 위한
것입니다.
'다짐ground, harden, building'은 마음이나 흙 등을
어루만지고 누르고 밟아 굳고 튼튼히 한다는 뜻의 낱말입니다.
집을 잘 지으려면 기초를 잘 다져야 하듯
무엇을 이루려면 마음에 진지한 '다짐'이 있어야 합니다.
아무리 좋고 선한 뜻이 마음에 수시로 들어오고 나갈지라도,
'마음 다짐'이 없으면 오래가지 못하고 이내 흔적 없이 사라집니다.

성경은 하느님의 말씀을 마음과 영혼에 새기고, 손이나 이마에 써서
붙이라고 합니다.
유대인들은 이 말씀에 근거하여 메주자mezuzah나 테필린tefillin 그리고
찌찌트(옷의 술) 등을 사용하는 전통을 지키고 있습니다.
오늘 성경이 말씀하는 핵심은 진리의 말씀을 늘 '마음에 다지며' 살라
는 말씀입니다. 마음은 저절로 원하는 방향으로 나아가지 않습니다.
흙을 다지듯 늘 마음을 다져야 합니다.
마음에 희망과 포부, 각오와 결심을 담는 새해입니다.
새해를 시작하며 주님 안에서 새 마음, 첫 마음, 큰마음, 대동大同의 마음,
봉사와 섬김의 마음을 품고 싶습니다.

그리고 날마다 주님의 말씀으로 '마음을 다져'
큰 믿음과 행복의 열매를 풍성히 맺는 삶을 살고 싶습니다.

꽃 피우는 마음

봄입니다.
꽃이 지천至賤입니다.
꽃은 아무리 보아도 싫지 않습니다.
예쁘지 않은 꽃이 없습니다. 그래서 꽃인가 봅니다.

꽃이 만발해도 다른 것에 눈길을 주느라, 꽃을 놓치는 경우가 많습니다.
꽃과 함께하는 것 그것이 곧 삼매三昧요, 기도입니다.

모양도 보고, 향기도 맡습니다.
꽃 마음도 느껴봅니다.

꽃이 담고 있는 꽃말도 생각해 봅니다.
설렘, 수줍음, 순결, 고움, 사랑, 기쁨, 진실, 온유, 정열, 인내,
희망….
다종다양多種多樣, 형형색색形形色色 모양과 색깔이 저렇게 다르듯,
꽃을 피우는 마음도 서로 그렇게 다양할지 싶습니다.

꽃 옆에 서면, 하늘 담고 땅 기운 받아 아무도 모르게 고요하게 꽃망울
터트리는 거룩하고 고운 저 꽃처럼 '꽃 마음'으로 살고 싶습니다.

봄꽃, 여름꽃, 가을꽃 식물마다 꽃 피우는 시기가 다릅니다.
인생의 꽃도 그러하리라 봅니다.

　　추운 겨울 다 지내고 꽃 필 차례가 바로 그대 앞에 있다

마음을 붓 끝에 곱게 담아내는 캘리그래퍼Calligrapher
서원書園 윤경숙 님이 미국에 올 때 제게 주신 글귀입니다.
비록 때로 힘들고 어려워도, 아직 때를 못 만났어도
인생의 꽃 피워 올리려는 마음 접지 말고 살포시 지니고 있어야 합니다.
세상 풍파와 인생의 엄동설한 이겨내고,
제 있는 자리에서 싫으니 좋으니 불평 없이 묵묵히 제 꽃 피워내는 그
것이 인생입니다.
세상에서 오직 한 송이뿐인 '제 꽃' 여리고 곱게 피우려는 마음,
그게 기도입니다.

꽃 지는 마음, 그게 기도입니다

봄이 한창입니다.
한창 피는 꽃이 있는가 하면, 벌써 지는 꽃이 있습니다.
꽃이 시들거나 말라서 떨어질 때 꽃이 진다고 합니다.
꽃이 질 때의 마음은 어떨지 생각해 봅니다.
우리 말 '지다'는 영어의 움직씨動詞, verb go나 take만큼이나
쓰임새가 매우 많은 동사입니다.
해가 지다落, 꽃이 지다, 책임을 지거나 짐을 지다負, 게임에서 지다敗,
밝아지다, 건강해지다, 이루어지다, 넘어지다 등등 매우 많습니다.

경기에 지고敗나서 패자敗者가 승자에게 자리를 내주듯이,
꽃이 열매에게 자리를 내주고, 미련 없이 스러질 때
우리는 꽃이 진다敗고 합니다.
해가 지듯이, 모든 것을 내려놓고 자신의 자리에서

말없이 밑으로 내려앉을㎜ 때, 꽃이 진다㎜고 합니다.

비록 '진다'는 말을 쓰지만 꽃이 지는 자리는 정작 부끄러움이나 패배자의 굴욕감이 없습니다.

꽃에는 애초에 '겨룸'이나 '미련', '욕심'이 없기 때문입니다.

꽃이 지는 것은 지는敗 것이 아니라 내어줌입니다.

그래서 아름답습니다.

가만히 보면 우리가 체감하는 인생 시간의 길이도 꽃 피고 지는 시간보다 그리 길지 않습니다. 짧은 인생, 꽃 지는 마음에서 배워야 합니다.

세상에서 '지는 자리'가 저리도 아름답고 거룩하기까지 한 것은

아마 꽃이 '지는 자리'밖에 없을지 싶습니다.

한 시인은 지는 꽃에서

'묻혀 사는 이의 고운 마음'을 보았다 했습니다(조지훈, 〈낙화〉).

주님께서 들에 핀 꽃을 보라 하셨습니다.

꽃을 보고 채움과 비움, 올 때와 갈 때의 마음을 배우라는 말씀입니다.

꽃에게서 하느님의 손길을 보고 만나라는 말씀입니다.

꽃 한 송이에게서 꽃 피우는 마음을 보고, 꽃 지는 마음을 들으라는 말씀입니다.

지는 꽃, 떨어지는 꽃을 보며 자리를 내어주고 비우는 지혜를 배웁니다.

세상에 올 때와 세상 떠나갈 때의 마음을 배웁니다.

말없이 자신을 내어주고 사뿐히 내려오는 꽃 지는 마음, 그게 기도입니다.

꽃을 보라 하신 주님

봄이 한창입니다.

봄꽃이 아름답습니다. 꽃향기 그윽합니다.

봄에는 봄꽃 보는 즐거움을 빼놓을 수 없습니다.

수선화, 민들레, 매화, 개나리, 진달래, 벚꽃, 살구꽃, 배꽃, 산수유, 철쭉, 팬지, 아네모네, 쥬리안….

꽃의 글꼴을 보면 꽃의 '모양'을 닮고 있는 예쁜 우리 겨레의 말입니다.

기역ㄱ자 두 개가 나란히 다소곳하게 서 있고,

밑에는 땅 속에 있는 뿌리 모양을 뜻하는 치읓ㅊ을 두고 있는 글자꼴입니다.

꽃의 말뿌리어원, 語源에 대하여는 여러 가지 설이 있습니다.

풀초, 草을 의미하는 토박이어 골꼴이 변하여 꽃이 되었다는 설이 있습니다.

한자어를 보면 풀草이 변화化된 것을 꽃화, 花으로 본 듯합니다.

꽃은 그저 꽃이 아닙니다.

한 송이 꽃 안에

아름다움, 향기, 생명, 의미, 희망, 기쁨, 위안, 가르침이 있습니다.

하느님의 신묘神妙와 영광이 있습니다.

꽃은 자연이 만든 순수 예술입니다.

꽃은 기쁨이고 희망입니다.

꽃은 시인이고 예술가입니다.

꽃은 아름답고 거룩한 우주적 울력입니다.

꽃은 학교이고 종교입니다.

예수께서 들에 핀 꽃이 어떻게 자라는지 보라 하셨습니다.

주님께서는 철마다 꽃을 즐겨 보신 듯합니다.

걱정, 근심, 미움, 분노, 분주, 욕심, 야망 내려놓고 꽃을 살펴보면 어떨지요?

내가 꽃이 되고, 꽃이 내가 되는 자리입니다.

세상의 모든 사람이 꽃으로 보이는 하루입니다.

이 땅에서 천국을 사는 삶입니다.

나무 아래 있다는 것은

옆에 있으면 마음이 편하고 의지가 되는 사람이 있습니다.
사소한 타냄이나 얼굴의 변색變色 없이,
사람 가려하는 발림이나 아첨 없이 고목처럼 늘 넉넉함과
푸근함을 주는 사람입니다.

제게도 그곳에 가면 늘 마음의 편안함을 주는 곳이 있었습니다.
어렸을 적 동네의 큰 느티나무가 그랬습니다.
동네 어르신들과 어린이들을 불러 모았습니다.
아버지의 등 같은 푸근함이 있었고, 어머니 품 같은 아늑함이 있었습
니다.

예수께서 나타나엘을 보시자 네가 '무화과나무 아래' 있는 것을 보았

다고 하십니다.

아마도 나타나엘은 나무 밑에 있는 것을 좋아했나 봅니다.

그는 나무 아래에서 새로운 세상을 꿈꾸며 하느님께 기도한 듯합니다.

나타나엘뿐 아니라 많은 훌륭한 분들이 나무 아래에서 마음을 가다듬었습니다.

아브라함은 상수리나무 밑에서(창세기 18:1) 마음을 닦았습니다.

모세는 떨기나무 앞에서(출애굽기 3:4) 하느님을 만납니다.

석가모니와 보리수나무가 그렇고, 조금 비약한다면 뉴턴과 사과나무도 비슷합니다.

예수께서는 무화과나무 아래 있는 나타나엘을 보셨습니다.

나무처럼 거짓 없는 그의 마음을 아셨습니다.

그리고 사명의 길로, 하늘이 열리는 것을 보는 깨달음의 세계로 그를 부르셨습니다.

나무나 풀이나 꽃과 함께 하는 자리는 어디나 거룩합니다.

불안이나 노여움이나 집착이 사라지고 저절로 풀이 되고, 꽃이 되고, 나무가 됩니다.

그곳에 있으면 그게 저절로 기도입니다.

세상에 풀이 지천至賤이고,

나무가 부지기수不知其數고,

철마다 꽃이 헤아릴 수 없는 것은

어쩌면 고된 세상에서

편안함과 미소와 위로가 필요한 사람들을 위하여

하느님께서 아낌없이 내려보내시는
사랑의 배려일지 모릅니다.
나타나엘처럼 꽃 한 송이 나무 한 그루와 함께,
거짓이 조금도 없는 '풀꽃 마음' 지니고,
주님을 만나는 복된 하루였으면 합니다.

한 송이 사람꽃

성경 말씀

나는 고작 사론에 핀 수선화, 산골짜기에 핀 나리꽃이랍니다
I am a rose of Sharon, a lily of the valleys
(아가Song of Solomon 2:1, 공동번역; NRSV).

꽃 싫어하는 사람 있을까요?
혹시 꽃 이름은 몰라도 아마 꽃 싫어하는 사람은 별로 없을지 싶습니다.

꽃을 보는 이유도 참 많이 있습니다.
좋아서 보고, 예뻐서 보고, 향기에 끌려 보고,
보고픈 사람 그리워 보고, 보이니 보고,
학교에서 관찰해 오라니 보고, 남들이 보니 보고…
지는 것이 아까워 본다는 사람도 있습니다.

꽃이 곱고 아름답고 고마운 것은
아픔 속에서도 '꽃'으로 있기 때문입니다.
늘 밝기만 한 꽃도 아픔이 있을까?
왜 없을까요?

이유도 모른 채 가지가 잘려나갔어도,

무거운 돌이 내리눌러도,

피고 보니 아무도 와 보는 이 없어도,

피고 보니 바로 옆에 나보다 더 크고 화려해서 주목받는 꽃이 있어도,

피고 보니 겨우 화무십일홍花無十日紅이라 이내 며칠 뒤에 시들어져야
함을 알아도,

이런 속에서도 때 되면 거르지 않고 부절히 '꽃'을 피우기 때문에

꽃 앞에 서면 그저 흐뭇하고, 좋고, 고맙고 때로 애잔하기도 합니다.

아가雅歌서의 주인공은 자신을 꽃이라 고백합니다.

우리의 인생 역시 한 송이 꽃에 비유할 수 있습니다.

수선화 나리꽃 닮아 세상의 화원花園에

오련히 꽃 한 송이 피워 올리고 싶습니다.

모진 바람과 추위와 인생의 아픔 속에서도,

말씀과 기도 가운데 안으로 승화昇華하여 삶의 꽃,

믿음의 꽃 피워내고 싶습니다.

뜻 맞는 이들과 서로 손잡아 정의와 평화의 함박꽃 피워 올리려는
마음 간절합니다.

말없이 세상 한 모퉁이를 아름답게 하는 저 한 송이 꽃처럼,

진리의 말씀과 사랑의 따뜻함을 드러내는 한 송이 사람꽃人花 되어
살고 싶습니다.

아름다움의 근원

성경 말씀

그 앞에 찬란한 영광이 감돌고 그 계시는 곳에 힘과 아름다움이 있다

Glory and majesty surround him, power and beauty fill his Temple(시편Psalm 96:6, 공동번역; NRSV).

아름다움美, beauty!

우리 겨레가 찾아낸 참으로 곱고, 예쁘고, 부드러운 말입니다.

'아름'의 정확한 말뿌리語源에 대하여는 학자마다 설명이 다양합니다.

알다知, 곧 무언가를 알게 해 주는 것을 아름다운 것으로 보는 사람도 있습니다.

안다抱, 껴안고 싶을 정도로 친근함, 일체감, 넉넉함을 주는 것을 아름다운 것이라 이해하기도 합니다.

아리, 곧 병아리처럼 작고 여리고 귀여운 존재를 아름다운 것으로 보기도 합니다.

아我, 나, 곧 나다움을 느끼게 해주는 것을 아름다운 것으로 보는 견해도 있습니다.

한자를 보면 고대 중국 사람들은 보기 좋고 커다란 맛있는 양고기羊+大 곧 미각의 만족에서 아름다움美을 느낀 듯합니다.

자연이나 음악이나 미술 등 예술 활동을 통하여 아름다움을 만날 때마다 흐뭇하고 기분이 좋습니다.
아름다움 앞에서는 시간이 멈춘 듯하고,
영원이 무엇인지 알 듯합니다.
아름다움을 느낄 때, 그때 비로소 나와 다른 존재가 서로 하나가 된다는 게 무엇인지, 같지도 다르지도 않다는 불일불이不一不異의
선문답 같은 경지도 어림하게 됩니다.

어디서 아름다움이 왔을까?
누가 아름다움을 만들어냈을까?
아름다움을 만들어 낸 그분은 또 얼마나 아름다울까?
성경은 '아름다움'은 하느님으로부터 온다고 말씀합니다.
하느님은 아름다움이십니다.
아름다움 안에 하느님이 계십니다.
아름다움을 통하여 하느님을 볼 수 있습니다.
오늘 한 송이 꽃이나 주위의 모든 것 속에서,
만나는 모든 이들 속에서 아름다움을 발견하고 연신 뷰티펄Beautiful!
어린아이처럼 놀라고 경탄하는 하루가 되었으면 합니다.
아름다움은 하느님과 만나는 길이며,
사람과 사람, 사람과 자연이 하나 되는 거룩한 소통의 자리입니다.

아름다운 양보가 그리운 세상

성경 말씀

… 네가 왼쪽을 차지하면 나는 오른쪽을 가지겠고, 네가 오른쪽을 원하면 나는 왼쪽을 택하겠다

Is not the whole land before you? Separate yourself from me. If you take the left hand, then I will go to the right; or if you take the right hand, then I will go to the left(창세기Genesis 13:9, 공동번역; NRSV).

누구에게 양보를 받으면 몹시 흐뭇하고 존중받는 느낌이고 기분이 좋습니다.

양보를 하는 사람 또한 기쁨과 행복을 느낍니다.

다른 사람에게 길이나 자리, 순서나 권리 등을 내주고 물러나는 것, 자기의 주장을 내리고 상대방의 의견을 좇아주는 것을 양보讓步라 합니다.

요즘 점점 아름다운 양보가 인색해지는 느낌입니다.

양보는 희생이나 손해가 아닙니다.

진정한 양보는 다음 기회에 더 큰 무엇을 얻어 내려는 저의를 담은 처세處世가 아니라,

조건 없이 자신을 내어주는 생활 속의 미덕이고 삶의 지혜입니다.

마음에 상대방에 대한 배려와 존중, 넉넉함, 풍성한 자존감이 있을 때
양보가 나옵니다.
진정한 양보의 미덕을 아브라함에게서 봅니다(창세기 13:9).
그는 조카 롯에게 장차 거주할 땅을 먼저 선택하도록 '선택권'을 양보
하였습니다.
단순한 땅이 아니라 대대로 자신과 후손들이 살아갈 삶의 터전이자 역
사의 무대를 선택하는 우선권을 양보한다는 것은 결코 쉬운 일이 아닙
니다.
양보는 자기 낮춤이며, 상대방에 대한 존중입니다.
양보는 기꺼운 자기 나눔이요, 자기 내어줌입니다.
양보가 아름다운 것은 '기꺼움' 곧 기꺼운 내어줌에 있습니다.
양보의 자리가 아름답고, 흐뭇하고, 행복해지는 연유가 여기에 있습
니다.

양보와 믿음은 둘이 아닙니다.
내 주장이나 나만의 이익을 고집하는 마음에서는 양보가 나올 수 없습
니다. 양보는 자기 비움과 상대방에 대한 배려를 담은 사랑의 실천입
니다.
양보는 또한 모든 것이 합력合力하여 선을 이루리라는 긍정적 믿음의
표현입니다.
통 큰 양보, 기꺼운 양보는 하느님의 인도하심에 대한 절대적 믿음에
서 나올 수 있습니다.

후손의 미래를 결정짓는 지경地境을 고르는 중대한 '선택권'을 조카에게 내어준 아브라함의 양보가 이를 말해 줍니다.

아브라함의 조건 없는 양보는 하느님의 사랑과 돌보심에 대한 절대적 신뢰에서 나옵니다.

아브라함처럼 상대방을 배려하고 기꺼이 자신을 내어주는,

아름다운 양보가 그리운 세상입니다.

행복을 크게 하는 길

> ### 성경 말씀
>
> 마음이 가난한 사람은 행복하다. 하늘나라가 그들의 것이다
> Blessed are the poor in spirit, for theirs is the kingdom
> of heaven(마태오복음Matthew 5:3, 공동번역; NRSV).

행복幸福!, Happiness!

행복의 조건, 행복지수, 행복 공식, 행복학 등등 행복에 대하여 용어가
참 많습니다.

행복해지려면 어떤 조건이 필요할까요?

돈이나 건강, 집, 사회적 성공 등등 모든 조건이 충족되면 행복감은
훨씬 더 커질까요?

노벨상을 받은 경제학자 폴 새뮤엘슨P. Samuelson은

행복을 수학처럼 공식화公式化하여 행복을 이렇게 정의합니다.

$$행복 = \frac{소유(소비)}{욕망}$$

분수分數의 원리에 따라 공식을 보면 행복을 늘리는 길은 두 가지입니다.

먼저 부지런히 분자分子 곧 소비(소유)를 크고 많게 늘리는 것입니다.

다음으로 분모分母를 줄이는 것으로 마음을 비워 욕망을 줄이는 것입니다.

첫째 방법처럼 소유를 늘리면 즉 내가 원하는 조건이 충족되면 행복감도 비례하여 증대하게 될까요? 폴 박사는 그렇지 않다고 합니다. 내가 바라는 소유가 늘어나면 즉 분자가 커지면 동시에 분모 곧 내가 바라는 욕망(기대)의 그릇도 커져서 실제로 행복감은 크게 늘어나지 않는다 합니다.

그리스의 철학자 플라톤은 행복하기 위하여 필요한 5가지를 이렇게 말했습니다.

> 첫째, 먹고 살고 입기에 조금은 부족한 재산
> 둘째, 모든 사람이 칭찬하기엔 약간 부족한 외모
> 셋째, 자신이 생각하는 것의 반밖에 인정받지 못하는 명예
> 넷째, 남과 겨루어 한 사람에겐 이겨도 두 사람에겐 질 정도의 체력
> 다섯째, 연설을 했을 때 듣는 사람의 반 정도만 박수를 치는 말솜씨

다섯 가지 조건을 자세히 보면 뭔가 조금씩 부족합니다. 2% 부족함 속에서도 '그래 이정도면!' 하는 만족과 흐뭇한 마음, 어쩌면 그것이 행복일지도 모릅니다.

가장 분명한 행복의 길은 예수께서 말씀하신 '가난한 마음'을 지니며 사는 것입니다.

주님의 가르침을 따라 행복 공식의 분모에 해당하는

마음의 '욕망이나 기대의 그릇'을 꾸준히 줄이는 데 있습니다.

마음을 비울수록, 낮은 마음을 지닐수록, 겸손할수록 더 행복해집니다. 그 마음이 지극하여 마음이 물질의 소유에 휘둘리지 않을 때, 가난한 자 같으나 부요하며, 비로소 모든 경계가 사라지는 영원히 행복한 하느님 나라의 삶을 살게 됩니다.

세상에서 가장 좋은 자리

성경 말씀

그리고 예수께서는 손님들이 저마다 윗자리를 차지하려는
것을 보시고 그들에게 비유 하나를 들어 말씀하셨다
When he noticed how the guests chose the places of
honor, he told them a parable
(루가복음Luke 14:7, 공동번역; NRSV).

사람들은 대개 '자리석, 席, 좌, 座, seat'에 민감합니다.

건물에 들어가거나, 버스나 전철을 타면 제일 먼저 '자리'를 둘러봅니다.

등산이나 소풍을 가서 잠깐 음식을 먹을 때도 좋은 자리를 찾습니다.

집을 짓거나 상점을 살 때도 좋은 자리인지 잘 되는 터인지 자리를 봅니다.

심지어 명당明堂이라 하여 죽은 뒤의 자리 곧 묏자리에까지 마음을 쓰기도 합니다.

좋은 자리, 높은 자리, 힘 있는 자리, 편한 자리를 마다하는 사람은 거의 없습니다.

스스로 자신을 채찍하고 땀 흘려 노력하여 공부하고, 때로 잔소리를 하면서까지 자녀들에게 억지로 공부를 시키는 이면에는 좋은 자리를 향한 욕구가 있음을 부인하기 쉽지 않습니다.
물론 이와는 달리 정말 공공선公共善과 소명감 혹은
시대적 과제를 위하여 분투 노력하는 사람들도 분명 많이 있습니다.

세상에서 높은 자리, 선망先望의 자리가 꼭 좋은 것만은 아닙니다.
사람은 자신에게 어울리는 자기의 자리, 자신의 길이 있습니다.
자리나 일과 관련하여 헤르만 헤세는 이런 말을 했습니다.

　자신의 일을 진실하게 수행하며 자기의 길을 걷는 사람은
　누구나 영웅입니다.

예수께서는 높은 자리에 매달리지 말고 '낮은 자리',
맨 끝자리에 앉으라 하셨습니다.
세속의 이치를 초월한 뜻깊은 말씀입니다. 자신에게 맞는 자리, 자기의 길을 가라는 말씀입니다. 사실 믿음의 눈으로 보면 세상에 높은 자리 낮은 자리, 좋은 자리 나쁜 자리 따로 없습니다.
세상에는 '필요한 자리'만 있을 뿐입니다.

우리의 자리가 꼭 사람들에게 주목받는 윗자리나 앞자리가 아니어도 좋습니다.
내가 찾아야 할 자리는 나를 나 되게 하고, 나를 실현할 수 있는 자리이면 됩니다.
내가 있어야 할 자리는 그 자리에 있을 때

절로 보람과 기쁨 그리고 만족과 감사가 넘치게 됩니다.

세상에서 가장 좋은 자리는 높은 자리도, 힘 있는 자리도 아닌 나에게

맞는 자리입니다.

이 자리가 곧 내가 있어야 할 '내 자리'요,

세상이 나를 필요로 하는 자리요,

나를 참된 영웅이 되게 하는 자리입니다.

우리가 기도해야 할 자리는 무조건 높은 자리, 수익이 많은 자리,

힘 있는 자리가 아닙니다.

나를 실현함으로 보람과 행복을 느끼며 주님에게 영광 돌리는,

내게 맞는 '제 자리'입니다.

혹시 아직도 내 자리가 아닌 다른 사람의 자리를 두리번거리고 있지는

않은지요?

오늘날 예의란

추석이나 설이면 오랜만에 일가친척들이 한자리에 모입니다. 간혹 예법이나 어려운 촌수寸數와 호칭 문제를 따지다가 마음이 불편해지기도 합니다. '예의禮儀'에서 비롯되는 문제들입니다. '예의' 때문에 오히려 더 사이가 불편해진다는 말을 가끔 듣곤 합니다.

예의를 낡은 것, 형식, 거추장스러운 것, 지배자의 논리로 보는 주장도 있습니다.

과거에는 사실 그런 면이 없지 않았습니다. 그러나 예의의 형식은 시대에 따라 바뀔지라도 예의 본질은 어느 시대나 필요합니다. 시대 변화 속에서 예의는 매너manner, 격식courtesy, 예법, 정중politeness 등의 모습으로 우리 곁에 있습니다.

중국의 『예기』에 오늘날의 리더에 해당하는 군자가 지녀야 할 '아홉

가지 몸가짐九容'이 나옵니다. 발걸음은 무겁게足容重, 손가짐은 공손하게手容恭, 눈빛은 단정하게目容端, 입은 묵직하게口容止, 목소리는 조용하게聲容靜, 머리는 곧게頭容直, 숨은 진중하게氣容肅, 선 자세는 덕스럽게立容德, 낯빛은 기품 있게色容莊 해야 한다고 나와 있습니다. 다른 사람을 대할 때 눈빛이나 낯빛 하나도 함부로 하지 말라고 합니다.

물론 오늘날 예의의 형식과 개념은 달라져야 합니다.
영어의 예의 바름civility은 라틴어 키비타스civitas에서 왔습니다.
키비타스는 여럿이 함께 살아가는 도시 공동체를 의미합니다. '예의 바른 사람'이란 도시에서 여러 사람들과 살아가며, 그들을 배려하고 존중하며, 자신을 바꿀 줄 아는 사람, 곧 좋은 시민이자 좋은 이웃이 되는 것을 의미했습니다. 가까운 친척과도 자주 만날 수 없는 빡빡한 세상, 수시로 낯선 사람들과 만나고 헤어지기를 반복해야 하는 요즘이야말로 서로에 대한 예의가 필요한 시대입니다.

예의의 본질은 한 방향이 아니고 쌍방향을 담고 있습니다.
예의는 나이 많은 사람, 높은 사람, 힘 있는 사람만을 위한 것이 아닙니다. 예의의 핵심은 연장자와 연소자, 윗사람과 아랫사람이 함께 편하고, 서로 즐겁고, 모두가 행복하기 위한 삶의 방식입니다.
이것이 예의의 시작이고, 예의의 목적입니다.
예의란 사회 속에서 서로의 프라이버시privacy를 지키고 서로의 인격을 존중하면서 행복한 가족, 좋은 시민, 좋은 이웃이 되는 길을 찾아가는 것입니다.
성경은 서로 '남을 나보다 낫게 여기는 마음'으로 살라고 말씀합니다.

상대방을 아끼고 배려하고 존중하는 삶 곧 예의가 있는 삶을 말씀합니다.

'다른 사람을 나보다 낫게 여겨 배려하는 마음', 모든 예의의 시작입니다.

인생의 교실에서 필요한 'F'

학교교실에서는 'F'가 달갑지 않지만
삶 전체가 학교인 인생 교실에서는 'F'처럼 필요한 것이 없습니다.

먼저 'Forget잊어버려라'의 'F'가 필요할지 싶습니다.
물론 이 말이 모든 것을 다 잊으라는 것은 아닙니다.
달갑지 않은 건망증처럼 잊음이 너무 많아도 안 되겠지만,
그렇다고 잊음이 전혀 없는 것 또한 바람직하지 않습니다.
세상을 살면서 경험한 크고 작은 서운함이나 쓰리고 아픈 기억,
수치심 등등.
좋지 않았던 기억을 하나도 잊지 않고 마음에 떠안고 살았다면 아마
우리는 지금까지 제대로 살지 못했을 것입니다.

잊을 것은 잊어야Forget 합니다.

다음으로 'Forgive용서하라'의 'F' 역시 우리의 인생 교실에 없어서는 안
됩니다. 만약 나를 무시하거나, 함부로 대했거나, 거짓이나 거친 행동
으로 나를 대한 사람들을 용서하지 않았다면 우리는 지금처럼 이렇게
살아 있지 못했을 것입니다. 내 인생의 삶에서 다른 사람에게 너그러운
용서의 F가 필요한 이유입니다.

세상에 형제자매로부터 용서 받을 일이 전혀 없는 무결점의 완벽한 사
람은 없을 듯합니다. 그러고 보면 나 역시 다른 사람으로부터 용서의
F를 받아야 할 일이 적지 않습니다. 건성으로 듣거나, 거칠게 대했거
나, 무례히 대했거나, 아픔을 헤아리지 못했거나, 인색했거나, 오해했
거나 등등 다른 이의 마음에 아픔을 주었을지 모르기 때문입니다.

주님께서는 오래 미워하거나 마음에 미움의 담을 높이 쌓지 말고,
기꺼이 다른 사람의 잘못을 용서하라 말씀하십니다.
상대방의 허물을 없애는 길은 가혹苛酷한 처사나 되갚음에 있지 않습
니다. 진심 어린 용서만이 허물로 인한 마음의 상처를 치유하고 다시
관계를 이어줍니다.
너그러운 마음으로 서로의 허물에 용서의 'F'를 주거니 받거니 하는
삶을 살아야 합니다.
그럴 때 하느님의 자녀가 되어 영원한 생명의 은총에 들어가는
하느님의 용서Forgive도 받는다는 말씀입니다.

숨 쉴 수 있으니 감사

우리는 쉬지 않고 숨을 쉬며 살아갑니다.

밥이나 물 없이도 약 40일 정도는 살 수 있다고 합니다.

그러나 숨 곧 호흡 없이는 단 2~3분을 살 수 없습니다.

성경은 숨프뉴마과 생명生命, life을 같은 의미로 사용합니다.

숨이 생명이고, 생명이 숨입니다.

들이쉬는 숨을 '숨흡, 吸',

내쉬는 숨을 '쉼호, 呼'이라 합니다.

한순간도 들이쉬는 숨과 내쉬는 쉼

곧 호흡呼吸 없이는 살 수 없습니다.

사람은 1분에 약 12회, 1시간이면 720회, 하루면 17280회,

100년이면 약 6300만 번 숨을 쉽니다.

숨과 쉼 때문에 우리의 생명 활동이 유지됩니다.
이 숨결 때문에 몸과 마음이 움직입니다.
숨이 있어 노동할 수 있고 사랑할 수 있으며
예배와 봉사와 찬양도 가능합니다.
숨은 내 몸을 이웃과 우주로 연결해 주는 생명줄이며,
하느님과 이어주는 생명의 탯줄입니다.

매번 쉬는 숨에 고마움이 있어야 합니다.
숨 한 번 쉬는 일도 허투루 할 수 없습니다.
숨을 쉴 때마다 고마움을 담아 깊게, 고르게
그리고 바르게 쉬어야 합니다.
우리의 생명은 생각보다 멀리 있지 않습니다.
코끝에 생명이 있습니다.
생명을 누림에서 오는 감사 또한 멀리 있지 않습니다.
매 숨이 감사입니다.

성경은 하느님께서 코에 생기를 불어넣으시니
사람이 되어 숨을 쉬었다고(창세기 2:7) 말씀합니다.
성경은 숨이 있는 동안 일하고 사랑하며 하느님을 예배하라 말씀합니다.
숨은 하느님께서 우리 마음에 담아 주신 거룩한 생명의 박동(搏動)입니다.
주님, 지금 숨 쉴 수 있으니 감사합니다.

물려줄 가르침이 있습니까?

성경 말씀

아들아, 아비의 훈계를 지키고 어미의 가르침을 저버리지 말
아라
My child, keep your father's commandment, and do
not forsake your mother's teaching
(잠언Proverbs 6:20, 공동번역; NRSV).

구약성경 잠언은 가르침에 대한 말씀으로 시작합니다.

가르침이라는 말은 '가르'와 '치다'로 이루어진 토박이말입니다.

잘게 나누거나 갈아엎거나 바르게 구별하여 쓰임새가 많도록 잘 길러

내는 것을 가르친다고 합니다.

한자어 교육教育이나 영어 teaching과 비슷한 뜻으로 사용됩니다.

사람들은 어려서부터 가정이나 학교에서 가르침을 받으며 자랍니다.

지금까지 살아오면서 평생의 가르침으로 무엇을 마음과 몸에 새기고

있는지요?

어떤 분은 가정에서 가르침을 받은 기억은 나지 않고

잔소리나 꾸중만 듣고 자란 기억밖에 없다고 하는 분도 있습니다. 그

러다보니 미워하면서 닮는다고 어른이 되서 자녀들에게 가르침보다

는 잔소리나 지청구만 하게 되기도 합니다.

잠언은 부모들이나 어른 세대들이 자녀들이나 젊은 세대에게
꾸중이나 비난이 아니라 '가르침'을 주라고 말씀합니다.
자녀나 젊은이들이 살아가는데 도움이 되고, 인생의 등불이 되고, 지
혜가 되는 인생에 유익한 그 무엇을 말해 주라는 말씀입니다.
전문화된 시대이니 지식이나 기술 교육은 학교 선생님이나 전문가에
게 위탁할 수밖에 없지만, 마음에 담고 인생을 살아갈 '가르침'을 주는
것은 부모와 어른의 몫입니다.

자녀들이나 젊은이들이 가볍게 여기지 않고 평생 마음에 품고 살아갈
가르침을 주는 것은 정말 쉽지 않은 일입니다.
자칫 올바른 가르침이 아니라 얕은 처세處世의 길이나,
시대에 뒤떨어진 고루한 주장이나,
주관적 경험에 근거한 낡고 편협한 인생관을 전해줄 수도 있기 때문입
니다.
자녀들이 인생의 바다를 잘 건너도록 크고 유익한 가르침을 물려주어
야 합니다.

성경은 "야훼 하느님을 두려워하여 섬기는 것이 모든 지혜와 슬기의
근본"이라고 말씀합니다. 하느님을 섬기고 이웃을 사랑하라는 가르침
이야말로 우리가 후 세대에게 자신 있게 물려줄 수 있는 영원히 큰 가
르침입니다.
자녀나 후 세대가 마음에 깊이 새길만한 큰 울림을 주는 "가르침"을
주는 부모나 어른이 되었으면 합니다.

고봉으로 꾹꾹 눌러 담아

아가야, 그릇은 절대 빈 채로 돌려주지 않아야 하는 게야,
누구에게 무엇을 받았으면 반드시 아주 작은 것일지라도
고마운 마음을 담아서 돌려주어야 한다.
나 역시 이 집안에 시집와서 시할머니와 시어머님으로부터 이것을 배웠지.

이 내훈內訓은 지금은 돌아가신 할머니에게서 며느리인 어머니에게로,
또 어머니에게서 어머니의 막내며느리인 아내에게로,
아내에게서 딸에게로 지금까지 이어지고 있습니다.
우리는 여러 가지 그릇을 주고받지만 사실은 그릇이 아니라
그 속에 '담긴 무엇'을 주고받습니다.

그릇 뿐 아니라 세상의 모든 것은 반드시 무엇을 '담고' 있습니다.

물건을 주고받지만 본래는 물건에 담긴 마음을 주고받는 것입니다.
말을 주고받지만 사실은 오고 가는 말 속에 '마음을 담아' 주고받습니다.
말은 마음을 담는 그릇입니다.
어디 말뿐이겠습니까?
우리의 눈길이나 손길이나 얼굴 표정도 무엇을 담아내는 그릇입니다.
때로 무시나 과시를 담기도 하고, 서운함이나 의심을 담기도 하고,
진심과 반가움을 담기도 하고, 고마움과 축복을 담기도 합니다.

하느님께서는 흙으로 빚어진 질그릇 같은 우리에게 빛과 진리의 근원
이신 하느님의 영광을 알아보는 '하느님의 형상을 담아' 주셨다고 성
경은 말씀합니다.
모든 것은 마음을 담은 그릇이 될 수 있습니다.
오늘도 말 속에 축복을 담아 전하고 싶습니다.
손길에 사랑을 담아 나누고 싶습니다.
얼굴에는 미소를 담고, 눈에는 정다움을 담아 나누고 싶습니다.
발걸음에는 마음 가득 복음의 메시지를 담아 여기저기 실어 나르고 싶
습니다.
선하고 아름다운 축복의 마음을 고봉高捧으로 '꾹꾹 눌러 담아'
이웃과 나누고 싶습니다.

둘,

향기로운 삶

이 손을 축복하소서

손. Hand.

세상에 고마운 것이 많지만 손처럼 고마운 것도 없습니다.

먹고, 입고, 글씨를 쓰고, 자동차의 핸들을 잡고,

서로 손 맞잡는 악수握手를 통해 인사와 화해도 하고,

손 흔들어 환영과 석별의 정을 표시하고, 손 모아 공손히 기도도 하고,

각종 까다로운 일들도 척척 해내는 등등

문득문득 손이 살갑고 미덥고 고맙게 여겨집니다.

물론 이른바 '나쁜 손'이 될 때도 있습니다.

누구를 때리거나, 예리하게 지적하거나, 어둡고 불의한 일에 손을 담
급니다.

영화 〈로마의 휴일〉로 유명한 오드리 헵번Audrey Hepburn은 은퇴 후
유니세프UNICEF 명예대사로 활동하며 이렇게 말합니다.

네가 더 나이가 들면 손이 두 개라는 걸 발견하게 된다.
한 손은 너 자신을 돕는 손이고,
다른 한 손은 다른 사람을 돕는 손이다.

성경은 성실하게 일하는 손이 은총이며 축복이라고 말씀합니다.
손은 우리의 마음과 우리에게 내려주신 하느님의 은총이
들어오고 나가는 사랑과 축복의 통로입니다.

오늘도 나의 손이
부지런히 노동하는 성실하고 미더운 손,
마음의 기쁨과 하늘의 축복을 나누어 주는 후덕한 나눔의 손,
어려운 이웃을 일으켜 주고 보듬어 주는 사랑과 자비의 손,
일상의 쓰레기는 물론 세상의 부정과 부패를 씻어내는 깨끗한 손,
오해와 실수와 잘못을 풀기 위하여 내가 먼저 내미는 화해의 손,
형제의 허물을 덮어주고 아픔에 공감하는 따듯한 손,
하늘에 기도하고 섬기는 거룩한 손이 되었으면 합니다.

눈은 몸의 등불

성경 말씀

눈은 몸의 등불이다. 그러므로 네 눈이 성하면 온 몸이 밝을 것이며 네 눈이 성하지 못하면 온 몸이 어두울 것이다

The eye is the lamp of the body. So, if your eye is healthy, your whole body will be full of light;

(마태오복음Matthew 6:22, 공동번역; NRSV).

눈. Eye.

어떤 눈을 지니셨는지요?

눈은 무엇을 보는 것이지만, 보는 것 이외에도 많은 것을 표현합니다.

눈총, 백안시白眼視, 청안시靑眼視, 무시無視, 괄시恝視, 멸시蔑視, 중시重視, 천시賤視 등등 눈을 통하여 다양한 마음이 표현됩니다.

우리 몸의 지체가 다 고맙지만 눈처럼 고마운 지체도 없습니다.

백문이 불여일견百聞不如一見이라는 말이 있듯이 '본다見, see'는 것은 참으로 중요하고, 고맙고, 즐겁고 또 신비로운 일입니다.

눈 있어 하늘 넓은 줄 알고, 꽃 예쁜 줄 감상하고, 아기 눈망울 맑은 줄 압니다.

주님께서 눈은 몸의 등불이니 눈이 성해야 한다고 하셨습니다.

이는 마음의 눈을 의미합니다.

육신의 눈은 사물事物을 보지만,

마음의 눈은 사물 너머의 의미와 진리眞理를 봅니다.

그러므로 '마음의 눈'을 떠야 합니다.

마음의 눈이 밝아야 합니다.

마음의 눈이 맑아야 합니다.

그럴 때 보아야 할 진리가 보이고,

작은 자의 아픔이 보이고,

상대방의 입장이 보이고,

일상의 소중함이 보이고,

절망 가운데 희망이 보이고, 자신의 허물이 보이게 됩니다.

성경은 듣는 귀, 보는 눈 모두

하느님께서 만드셨다고(잠언 20:12) 말씀합니다.

주님 안에서 우리 영의 눈이 맑아지고 밝아짐으로

진리를 알아보고, 아름다움을 만나고, 역사를 바로 보기를 갈망합니다.

세상의 고마움과 하늘의 은혜를 깊이 깨달아 아는

깊고 맑으며 부드러운 눈의 사람이 되었으면 하는 마음입니다.

솔직은 용기입니다

성경 말씀

우리는 이 세상에서… 인간의 꾀를 부리지 않고 하느님의 은
총으로 그분의 뜻을 따라 솔직하고도 진실하게 살아왔다는
것을 양심을 걸고 말할 수 있으며…
…We have behaved in the world frankness and godly
sincerity, not by earthly wisdom but by the grace of
God…(2 고린토 2 Corinthians 1:12, 공동번역; NRSV).

"솔까말 그 영화 별론데…" 젊은이들이 많이 사용하는 말이지요.
'솔직히 까놓고 말해서'라는 뜻의 온라인에서 주고받는 신조어입니다.
솔직率直은 거짓이나 꾸밈이 없고 바르다는 의미지요.
영어로는 honest, frank, candid 등으로 번역됩니다.
요즘 솔직하면 손해 본다는 분위기가 적지 않습니다. 그러나 요즘처럼
말바꾸기나 식언食言, 허언虛言, 공언空言, 교언巧言-꾸며대는 말, 교언嬌言-아첨의 말
등 거짓과 꾸밈이 많은 시대에 솔직한 사람을 보고 싶습니다.

실제보다 더 잘 보이려는 마음이 너무 클 때 솔직하기 어렵습니다.

자기 실수나 부족한 점이나 마음의 속셈을 감추려 할 때 솔직하기 어렵습니다.

그러나 다른 이에게 더 잘 보이려는 욕심을 내려놓을 때,

있는 그대로의 자신을 받아들이려는 마음이 있을 때,

기꺼이 용기를 내서 자신의 잘못을 인정하려 할 때 솔직할 수 있습니다.

솔직은 있는 그대로의 자기 자신 곧 '참'을 지켜내려는 내면의 용기에서 나옵니다.

맛없는 음식을 맛없다고 하고, 못하는 사람에게 못한다고 하거나,

실패한 사람에게 실패자라고 말하는 것은 배려의 부족이지 '솔직'이 아닙니다.

『신에게 솔직히 *Honest to God*』라는 책 이름(존 로빈슨; John A. T. Robinson, 영국 성공회 주교)에서 보듯이, 그리스도인은 하느님께는 물론 사람에게도 솔직해야 합니다.

그러나 누구보다도 솔직해야 할 대상은 '자신에게 솔직히' 곧 자기 자신입니다.

우리는 솔직의 용기, 솔직의 근거를 하느님에게서 찾을 수 있습니다.

하느님은 전혀 꾸밈이 없으신 분이십니다.

하느님은 그대로 "참"이십니다.

영원히 "참"이신 분이기에 하느님이라 합니다.

우리가 하느님 안에 깊이 있을 때

우리의 마음에서 위선, 과장, 꾸밈의 마음이 사라집니다.

두려움이 없어집니다.

그때 비로소 자신이나 이웃에게, 하느님에게 솔직할 수 있습니다.
솔직은 우리 자신이 주님의 현존 안에 깊이 있을 때 나오는 내면의 용
기입니다.

말에도 색과 향이 있지요

성경 말씀

… 온갖 좋은 일을 하고 좋은 말을 할 수 있게 해 주시기를 빕니다

... comfort your hearts and strengthen them in every good work and word

(2 데살로니카 2 Thessalonians 2:17, 공동번역; NRSV).

요즘 언론을 보면 거침없이 막말들을 주고받는 일들을 접하게 됩니다. 그런가하면 거친 말, 험담, 감언甘言, 뒷담화, 흑색선전 등등의 모습도 어렵지 않게 봅니다. 말을 먹거나식언, 食言, 말을 바꾸거나, 말을 뒤집는 경우도 심심치 않게 봅니다. 이런 말들은 사실 하는 사람도 듣는 사람도 마음이 그리 개운하지 않습니다.

세상에 잘해야 할 것이 많지만 말은 정말 잘해야 합니다.

말은 함부로 할 것이 아닙니다.

말을 잘한다는 것은 청산유수青山流水의 달변이라기보다 좋은 말을 하는 것입니다.

아름답고, 선하게 하는 말입니다. 부드럽고 곱게 하는 말입니다.

정직하고 바르며 신뢰감 있게 하는 말입니다.

같은 말이라도 말하는 사람의 마음과 어조語調에 따라
느낌이 달라집니다.
말에 색깔color이 있기 때문입니다.
말도 꽃처럼 색色과 향香이 있습니다.
상대방에 대하여 존중의 마음, 배려의 마음, 축복의 마음,
신뢰의 마음을 담은 말은 꽃처럼 그 색이 곱고 향기롭습니다.
좋은 말이란 편벽이나 고루, 아첨이나 거짓이 없어야 합니다.
넉넉함과 훈훈함을 담은 덕담德談, 웃음을 주는 재담才談,
희망과 긍정 용기와 격려를 담은 축언祝言,
서로를 위하고 지켜내려는 마음을 담은 고언苦言 등을 좋은 말이라
할 수 있습니다.
욕심, 무지와 어리석음을 벗어나 영원한 생명으로 인도하는
주님의 기쁜 소식을 담은 복음福音
곧 복담福談이야말로 영원히 좋은 말이며 축복의 언어입니다.

성경은 좋은 일을 하고 힘써 좋은 말을 하라고 말씀합니다.
좋은 말은 색이 곱고, 그 향 또한 오래 은은하여
듣는 이의 마음을 밝고 즐겁게 하는 말입니다.
좋은 말은 천 리를 떨어져 있어도 서로의 마음을 향기롭게 하고,
천 년이 넘어도 서로의 마음을 이어 하나 되게 합니다.

움직임은 내 삶의 표현

약 12년 된 자동차를 팔았습니다.

먼저 주인이 6년간 사용한 거리와 제가 6년간 다닌 운행 거리를 보니 22만 mile(약 32만㎞)을 운행하였습니다. 막상 폐차하자니 기계일지라도 폐차장 가는 길에 마음이 애틋했습니다.

연말입니다. 한 해를 결산하며 1년 동안 우리가 여기저기 움직인 거리를 모두 더하면 아마 굉장한 거리가 될 것입니다. 우리는 이처럼 움직이며動, move 삽니다.

움직임은 사람을 비롯한 동물動物과 다른 생물을 구분하는 대표적 특징입니다.

한시도 쉼 없이 움직이는 천지운행天地運行으로 세상과 우주가 유지되니,

움직임은 동물뿐 아니라 어쩌면 우주가 존재하는 원리일 수 있습니다.

이처럼 움직임은 사람의 특징을 나타냅니다.
어쩌면 움직임은 인간의 살아 있음의 표현입니다.
그러므로 한 해를 보내고 맞으며 자신의 '움직임'을 돌아볼 필요가 있습니다.
한 해 동안 나는 주로 무엇을 위하여 움직였는가?
나는 주로 어디로 움직였는가?
나의 움직임이 나를 규정합니다. 움직임은 내 '삶'의 표현입니다.
걸음걸이가 그 사람의 성격을 나타낸다면,
그가 걸어온 발자취 곧 움직임은 그 사람의 삶을 나타냅니다.

하느님께서는 아브라함에게 약속의 땅으로 '가라go!' 말씀하셨습니다.
가려면 움직여야 합니다. 행동 곧 삶의 이동을 요구하신 것입니다.
"수고하고 무거운 짐을 진 자들아 나에게 오라come."
"가서go 복음을 전하라."
예수님의 부르심 또한 '움직임' 곧 거룩한 행동으로의 부르심입니다.
이 거룩한 '움직임'으로의 부르심에 응답하여 아브라함은 믿음의 조상이 되었습니다.
물고기를 잡던 제자들은 영혼을 구원하는 주님의 제자요 사도使徒가 되었습니다.
거룩한 움직임의 결과입니다.
일생 어디로 움직였느냐, 어떤 일로 움직였느냐,
누구와 함께 움직였느냐가

우리의 삶을 결정합니다.

한 해를 결산하며 우리의 '움직임'이

더 좋은 방향, 더 선한 일, 더 정의롭고 더 평화로운 일,

더 거룩한 일, 더 행복한 삶으로 나아가게 되기를 원합니다.

감정도 관리가 필요합니다

감정emotion 관리라는 말 들어보셨지요?

사람이 서로 다른 것은 DNA나 지문指紋 혹은 음성音聲이나 얼굴의 생김
새의 차이만이 아닙니다.

내면에 일어나는 감정感情 역시 사람에 따라 다르다고 합니다.

사람마다 감정의 정도가 다르기에, 어떤 일에 대한 반응이나 행동이
서로 다르게 나타납니다.

또한 동일한 사람의 감정일지라도, 때와 장소에 따라case by case 다릅
니다.

감정은 갑자기 불쑥 솟아나와 나를 당혹스럽게 하거나 나의 통제를 벗

어나곤 하기에, 누구도 감정의 문제에서 자유롭다고 자신하기 어렵습니다.

가장 이상적인 것은 나오는 감정을 있는 그대로 받아들이되 적절하게 표현하는 것입니다.

그러나 쉽지 않습니다. 그런 면에서 감정은 피부나 건강 이상으로 관리management를 필요로 합니다. 격앙된 감정 에너지를 그대로 표출하여 남에게 상처를 주거나, 슬픈 감정 에너지에 지나치게 사로잡혀 자신의 마음과 몸을 상하지 않도록 조절하고 관리해야 합니다.

오늘 말씀은 구약의 욥기에 나오는 말씀으로 욥의 절친 엘리바즈는 욥이 감정 기복이 심하고, 하느님 앞에서 감정 조절 없이 마구 화를 내고 거친 말을 한다며 충고하고 있습니다. 사람의 통제를 벗어나기 일쑤인 감정을 나오는 대로 표출해서는 곤란합니다.

주님 안에서 기도와 내면의 성찰을 통하여 감정을 들여다보고 조절하는 훈련이 필요합니다. 극도의 부정적 감정 가운데 나오는 말이나 결정이나 행동은 모두 나쁜 결과를 가져옵니다.

감정관리를 통하여 나만의 특별한 감정 이해, 표출, 조절, 반응 방식 등을 배워야 합니다.

이런 과정을 통해 감정에 대하여

다른 사람과 구별되는 나만의 새로운 감문感紋*을 갖는 것도 유용할

---

* 감문(感紋): 사전에 없는 말이지요, 사람마다 고유한 손가락 지문(指紋)처럼 나만의 고유하고 독특한 감정 기제나 유형을 지문에 비유한 용어입니다.

듯합니다.

감정은 결코 사소하지 않습니다.
때에 맞는 적절한 긍정적 감정 표출은 삶을 풍성하게 하지만, 조절되
지 않은 부정적이며 서툰 감정 표출은 중요한 일을 그르치거나 인생에
서 소중한 사람을 잃어버리게 합니다.
감정은 마음의 아우성입니다.
감정은 항상 듣고 돌봐야 할 내 마음의 소리요, 내 자신입니다.
감정관리感情管理에 소홀히 할 수 없는 이유입니다.

메멘토 모리Memento Mori

좋고 유쾌한 기억을 떠올리는 일은 어렵지 않습니다.
그렇다고 살아가면서 늘 유쾌한 기억에만 머물며 살 수는 없습니다.
우리가 잘 알고 있는 '메멘토 모리Memento Mori'가 이를 잘 말해 줍니다.
메멘토 모리란 '죽음을 기억하라'는 말로 죽을 수밖에 없는 존재라는
사실을 잊지 말라는 뜻입니다.
로마제국에서는 전쟁에서 승리한 장군이 로마로 개선凱旋 행진을 할
때면, 장군 뒤에 노예 한 명을 세워 "메멘토 모리!"(죽음을 기억하시오!)
를 외치게 했다고 합니다. 이 외침은 승전 장군에게 "승리에 너무 우쭐
하지 말고 겸손하시오"라는 메시지를 주었을 법 합니다.
구약성경 전도서는 우리에게 죽음을 기억하라고 말씀합니다.

세상의 각종 잔치의 재미와 즐거움에만 치우치지 말고,
슬픔과 아픔을 당한 초상집을 돌보는 일에도 마음을 쓰라고 합니다.
세상의 재미에만 파묻히지 말고 삶과 죽음 곧 '존재'에 대한 진지한 성
찰을 하라는 뜻입니다.

성경은 우리 몸이 흙으로부터 왔다고 말씀합니다.
사람이 흙으로 빚어졌다는 성찰은 우리를 겸손으로 인도합니다. 나의
몸이 흙에서 와서 흙으로 돌아감을 자각할 때 사람과 흙은 둘이 아닙니
다. 흙과 몸은 하나입니다. 흙을 함부로 밟거나 더럽힐 수 없습니다. 흙
으로 된 땅을 걷는 걸음걸음이 공손이고 고마움이어야 합니다.

성경에서 죽을 수밖에 없는 존재임을 명심하라는 말씀은
죽음 자체 때문이 아니라 삶을 위하여 주시는 말씀입니다.
내가 죽을 존재라는 걸 성찰할 때,
우리는 삶 곧 살아 있음에 더욱 집중하게 됩니다.
죽음에 대한 기억은 삶을 더욱 깊이 있고 존엄하게 하는 역할을 합니다.
죽지 않고 지금 여기에 살아 있음을 자각할 때,
삶의 아름다움과 남은 삶의 소중함을 깨닫게 됩니다.
그리하여 죽음에 대한 두려움이나 삶에 대한 집착 없이
선하고 좋은 삶, 바른 삶에 집중하게 됩니다.
살아 있음이야말로 중요합니다. 죽음은 때가 되면 누구나 맞이합니다.

정말 집중해야 할 것은 마음을 다하여 삶을 바르게 사는 일입니다.

흥겨움과 기쁨이 있는 삶

미국의 대표적인 스포츠 축제인 풋볼 결승전NFL 'Super Bowl'이 열렸
습니다. 우승팀이 환호하며 온 몸으로 열광적으로 기뻐하는 것을 보았
습니다.

기쁨을 말로 설명하기는 어렵지만 우리는 기쁨이 무엇인지 압니다.
사람마다 기뻐하는 대상은 다르겠지만 '기쁨' 그 자체는 모두 같을 것
입니다.

나이가 듦에 따라 기쁨의 대상이 변하는 것도 경험합니다.

나이가 든다는 것, 성숙해진다는 것은 기쁨의 대상이 바뀌는 것을 의
미하기도 합니다.

나이가 들면 예전에 비해 기쁨에 대하여 무덤덤할 때가 많습니다. 기
쁨을 찾아야 합니다.

성경은 기쁨에 대하여 적극적으로 말씀합니다.

> 성령께서 맺어 주시는 열매는 사랑, 기쁨, 평화, 인내, 친절, 선행, …
> (갈라 5:22).
> 항상 기뻐하십시오(1데살 5:16).

성령께서 맺어 주시는 귀한 열매 가운데 하나가 '기쁨喜, Joy'입니다.
기쁨은 단순한 감정표현 가운데 하나가 아니라 인생에게 원하는 하느
님의 뜻입니다.
기쁨은 신앙인이 지녀야 할 영적 덕목입니다. 진리와 사랑을 깨달은
사람은 그 삶에 흥겨움과 기쁨이 있어야 합니다.
기쁨이 있는 삶은 멀리 있지 않습니다.
일상의 작은 일에서 기쁨을 발견하고 기뻐해야 합니다.
음식 한 끼, 가족이나 형제자매들과의 일상의 만남에서 나누는 축하,
노동의 수고와 휴식, 음악이나 미술 등 다양한 예술과의 만남, 꽃과
나무와 자연의 동물들 등등.
세상에 기쁨을 담고 있지 않은 것은 없습니다.
모든 존재는 기쁨을 담고 있습니다.
그러므로 모든 것 속에서 기쁨을 발견하고, 흥겨워하고 기뻐해야 합
니다.

빼놓을 수 없는 기쁨이 있습니다.
시편 기자가 고백한 하느님께서 마음에 심어주신 기쁨입니다.
이 기쁨은 세상이 주는 저 너머 하늘로부터 오는 기쁨입니다.

진리에서 오는 기쁨입니다.

주님께서 주시는 기쁨입니다.

이 기쁨은 세상 모든 이에게 해당되는 기쁨이기에 가장 큰 기쁨이고,

영원토록 가심이 없어 영원한 기쁨이라 합니다.

일상 속에서 작은 기쁨에도 어린애처럼 기뻐하고,

말씀 속에서 영원한 기쁨 발견하고,

슈퍼볼 우승팀처럼 크게 기뻐하는 날마다 기뻐하며 흥겨운 인생 살았
으면 좋겠습니다.

세상을 구하는 창조적 소수

열, 10이라는 숫자는 일상에서 가볍지 않은 의미를 담고 있습니다. 10년이면 강산도 변한다는 말이 있습니다.

십벌지목十伐之木 곧 열 번 찍어 안 넘어가는 나무가 없다는 속담도 있습니다.

출애굽의 지도자 모세는 하느님으로부터 십계명十誡命을 받았습니다.

십시일반十匙一飯이라 하여 열 술spoon이면 대략 한 사람 먹을 양식이 된다고 합니다.

『대학大學』에는 '십목소시 십수소지十目所視 十手所指' 곧 '열 사람의 눈이 보고 있고, 열 사람의 손가락이 가리키고 있으니' 군자君子는 행동을 삼가 조심해야 한다는 말이 나옵니다.

인생의 목표 달성이나 완성을 의미하는 '인생 변화의 10년 법칙'이나 '1만 시간의 법칙' 등도 10의 의미와 관계가 있습니다.

성경 창세기에서, 하느님께서 죄악으로 가득 찬 소돔을 멸하려 하시자 아브라함은 조카 롯이 사는 소돔을 구하고자 하느님께 매달립니다. 그는 의인을 찾으시는 하느님 앞에서 50명부터 시작하여, 45명, 40명, 30명, 20명 드디어 10명까지 내려옵니다.

만일 의인 열 사람밖에 안 되어도 소돔을 구해주시겠습니까?

그 열 사람을 보아서라도 멸하지 않겠다.

그러나 결국 소돔은 멸망하게 됩니다.

소돔이라는 도시는 결국 죄 없는 사람 10명이 없어서 멸망했습니다.

죄 없는 사람이란, 하느님을 공경하며 사는 사람,

바르고 정직하며 의롭게 사는 사람,

사랑과 용서, 겸손과 온유의 삶을 사는 사람을 의미합니다.

오늘의 세상도 다르지 않습니다.

세상을 구하는 것은 세상의 제도적 '자리position'가 아니라 그 자리에 있는 '사람'입니다.

진실한 사람이 있어야 합니다.

비록 적을지라도 의로운 사람이 필요합니다.

오늘날 의로운 사람 열 명이란

죄의 길에서 벗어나, 불의와 탐욕을 거절하고,

죄의 유혹과 타락을 멀리하며,

주님의 말씀을 따라 참되게 살겠다는

경건한 창조적 소수, 영적 소수를 의미합니다.

정말 아무것도 할 수 없을 때

하늘이 무너져도 솟아날 구멍이 있다고 하지만,
살다 보면 정말 아무것도 할 수 없을 때가 있습니다.
본인이나 가족 혹은 가까운 사람의 불치의 질병 선고를 듣거나
사고나 죽음을 만날 때 그렇습니다.

눈앞이 온통 까맣고, 아무 생각도 나지 않습니다.
속절없음에, 한없이 작고, 미안하고, 허둥대고 그저 철저한 무력無力을
경험합니다.
기도해야 된다는 것은 알지만 기도가 잘 되지 않습니다.
내가 할 수 있는 것이 아무 것도 없는 것처럼 그렇게 마음이 아픈 것도
없습니다.

사방을 둘러보아도 도움이 없어helpless 보이고,
희망도 없어hopeless 보이고, 온통 절망絶望입니다.

진한 어둠 뒤에 곧 새벽이 온다는 상투적인 섣부른 위로보다는,
차라리 노르웨이의 화가 뭉크Edvard Munch의
'절망'이나 '절규'의 그림에서 더 위안을 얻습니다.
역경을 이겨낸 사람들이 말하는 긍정의 힘이나 회복탄력성resilience도
귀에 들어오지 않습니다.
아무것도 할 수 없을 때, 그때 우리는 절망絶望을 만납니다.
철저하게 무력無力을 경험하고 뼈저리게 무상無常을 만납니다.
속절없음의 자리에 서 본 사람만이 절망의 민낯을 봅니다.
절망의 자리에서 사람이 할 수 있는 일은 아무것도 없습니다.
거부나 저항이나 분노도 별무신통別無神通입니다.

절망 앞에서 인간이 할 수 있는 유일한 일은 '전적인 맡김'입니다.
"그러나 제 뜻대로 마시고 아버지의 뜻대로 하소서"(마태 26:39).
예수께서는 하느님께 모든 것을 맡기셨습니다.
전적인 맡김은 포기나 체념이 아닙니다.
'전적인 맡김'은 절망絶望 너머의 궁극적 희망에 대한 믿음이며,
인간의 가장 순수한 기도입니다.
철저한 무력無力과 무상無常을 경험하는 절망의 자리야말로,
가장 순수한 기도를 올리는 자리요, 절대 희망과 위로의 근원이신
하느님을 만나는 거룩한 지성소至聖所입니다.

함께 고통을 느낀다는 것

동고동락同苦同樂!

동락同樂은 쉽지만, 함께 동고同苦를 겪어내기란 쉽지 않습니다.

경제계에서 '고통 분담'을 이야기하지만 기업주와 노동자가 서로 고통을 나누는 일, 쉽지 않습니다.

아마도 고통을 분담하려는 마음이 적어서 그렇기도 하고,

상대방이 겪고 있는 고통에 대한 이해가 부족해서 그럴 수도 있습니다.

절망 가운데 절박한 마음으로 자신의 고통을 이야기하면,

대뜸 "겨우 그 정도 가지고 좀 참지 그래?"하는 말을 듣기도 합니다.

상대방의 호소에 벽창호처럼 꿈쩍없이 귀를 닫기도 합니다.

아니면, 자기 경험과 자기 방식대로 상대방의 고통을 풀어주려고 합니다.

왜 힘들어 하는지,

아픔의 시작에 대하여 알려고 다가가려 하지 않습니다.

상대방의 아픔에 대하여 공감共感이 부족합니다.
공감은 저절로 나오지 않습니다.
성경은 예수님은 인간의 고통과 병고病苦를 아는 분이라고 말씀합니다.
주님은 우리의 고통과 병고를 아십니다. 사람들이 온갖 고통과 극심
한 병고 속에서 큰 위로를 받는 것은 이 때문입니다.

공감은 머리가 아니라, 스스로 고통과 병고病苦를 통해 느낀 쓰리고 아
팠던 자신의 '고통의 무게'를 알아차림에서 나옵니다.
아는 만큼 보인다는 말은 평범한 말이지만 이는 대상 인식認識의 기본
원리입니다.
고통도 인식의 한 형태이니 이 원리와 다르지 않습니다.
'고통의 무게'를 아는 사람만이 다른 사람의 고통의 무게를 헤아릴 수
있고, 그 고통에 깊이 공감할 수 있습니다.
공감은 저 사람의 고통이 나의 고통이 되는 마음의 자리입니다.
바로 그때 우리는 비로소 '서로 하나'가 됩니다.

예수 그리스도의 삶은 공감의 모범을 보여주십니다.
공감은 아픔과 슬픔을 함께 아파하는 동병상련同病相憐의 마음이요,
축하와 영광의 자리에서 기쁨으로 하나 되는 대동大同의 마음입니다.
다른 사람의 불편과 아픔을 귀 기울여 듣고,
깊이 공감하는 공감의 마음이
동고同苦와 동락同樂을 가능케 하며
형제적 일치와 사랑의 삶으로 인도합니다.

고난과 역경을 만날 때

성주간聖週間, Holy Week입니다.

기쁨과 영광의 부활復活을 앞 둔, 성주간 묵상의 주제는 고난苦難입니다.

고난苦難의 뜻은 괴로움苦과 어려움難입니다.

대개 고난이나 역경逆境 대신 달콤하고, 쉽고, 편안하고, 술술 잘 풀리는

순경順境을 좋아합니다.

마음대로 고난을 멀리하고 피할 수 있으면 얼마나 좋겠습니까.

그러나 고난은 그렇지 않습니다.

일부러 나가서 고난을 불러올 필요는 없을지라도,

찾아오는 고난에 대하여는 진지한 수용受容, acceptance이 있어야 합니다.

믿음의 눈으로 보면 고난이나 불행 역시 나를 만들어가는

삶의 한 과정이기 때문입니다.

많은 현인들 역시 고난의 수용을 통하여 고난 너머의 길을 제시하였습

니다.

정호승 시인은 시에 대하여 이렇게 말합니다.

　… 시는 삶의 고통에서 피어나는 꽃이에요.
　내 인생의 향기도 고통에서 피어나죠.

의미 있는 인생은 고난을 통하여 배우고, 성장하고, 새롭게 빚어져야
합니다.
나무는 추운 겨울에도 비록 더딜지언정 그 성장을 멈추지 않습니다.
우리의 인생 역시 잘 풀릴 때는 물론 고통이나 고난 속에서도 멈춤 없
이 성장해야 합니다.
깊은 기도와 영적 훈련을 통하여 쓰디쓴 실패의 고통을
더욱 강해지고 지혜로워지는 영적 변화와 성숙의 계기로 만들어야 합
니다.

예수께서는 고난의 십자가를 지심으로 영원한 생명인 부활復活의 영광
을 보여주셨습니다.
고난 가운데 멈추지 않으셨습니다. 고난의 십자가를 통하여 고난의
창조적 승화요 완성을 보여주셨습니다.
신앙의 힘으로 시각 청각 그리고 언어장애라는 삼중고三重苦의 시련과
고통을 이겨낸 헬렌 켈러는 '세상은 고통과 고난으로 가득하지만 그것
을 이겨낸 일로도 가득 차 있다'고 증거합니다.
고난 속에서의 승리입니다.
고난을 겪으신 주님과 함께 할 때 고난과의 대면은 우리를 내면의 성

숙으로 이끌고 깊은 통찰력과 맑은 영혼에 이르게 합니다.

하느님의 뜻을 따라 겪는 고난은 우리를 진리와 영원한 생명에 이르게
하는 은혜와 축복의 문門입니다.
우리 모두가 세상의 힘든 고난 속에서도,
자기의 십자가를 지고 멈춤stop 없이 삶을 살아야 하는 이유입니다.

내 마음의 회복탄력성

성경 말씀

어떤 처지에서든지 감사하십시오…

Give thanks in all circumstances...

(1 데살로니카1 Thessaloniance 5:18, 공동번역; NRSV).

공이나 용수철spring의 생명은 '탄력彈力'에 있습니다.

외부의 충격이나 힘으로 잠시 변형되었어도 회복하여 본래의 자리로 돌아가려는 힘을 탄력이라 합니다. 사람의 몸이나 피부도 탄력이 있다고 합니다. 내 마음의 탄력은 어떤가요?

배가 지니고 있는 복원력도 탄력과 비슷한 이치입니다.

파도가 치면 배가 옆으로 기울어졌다가도 이내 다시 제자리로 돌아옵니다.

복원력復原力, restoring force 때문입니다.

배가 복원력을 지니듯 우리의 인생도 고난과 역경, 실패와 시련, 실망과 좌절이라는 밑바닥 상태에서 다시 본래의 상태로 돌아오는 힘이 있어야 합니다.

이를 '회복탄력성resilience'이라 합니다.

쉽게 표현하여 인생의 바닥에서 바닥을 치고 올라올 수 있는 힘, 고난과 절망의 밑바닥까지 떨어져도 꿋꿋하게 다시 튀어 오르는 마음의 근력筋力을 회복탄력성이라 합니다.
회복탄력성은 다시 일어서려는 용기입니다.
용기란 두려움이 없는 것이 아닙니다.
실패나 고난의 역경에도 불구하고 다시 일어서려는 행동 그것이 용기입니다.
물체마다 탄력의 정도가 다릅니다. 고무공은 바닥에 떨어트리면 다시 튀어 오르지만 유리공은 그대로 산산조각이 납니다.
탄력의 차이입니다.

사람도 사람마다 회복탄력성이 다릅니다.
행복한 인생을 살려면 회복탄력성을 높이는 마음의 훈련이 필요합니다.
자기 자신이나 해야 할 일들 그리고 세상을 긍정적으로 받아들이는 습관을 들이고,
평소에 충동이나 감정조절 등 자기조절력을 키우고,
꾸준히 운동하고, 소통이나 공감을 통하여 원만한 대인관계를 지닐 때 회복탄력성이 커진다고 합니다.

성경은 범사에 감사하는 삶을 살라고 하십니다.
감사는 그 자체가 은혜의 삶이며, 동시에 우리를 고난과 시련 속에서 본래의 자리로 돌아오게 하는 회복탄력성을 높여주는 가장 좋은 길입니다.

배움의 길

성경 말씀

내 멍에를 메고 나에게 배워라…

Take my yoke upon you, and learn from me...

(마태오복음Matthew 11:29, 공동번역; NRSV).

"알아야 면장을 하지." 어려서부터 많이 듣던 말입니다.

무슨 일을 하려면 그에 걸맞은 실력과 견식見識이 있어야 함을 비유적
으로 뜻하는 말이지요.

그런데 많은 사람들이 '면장'을 면사무소의 면장面長으로 알고 있습니
다. 그렇게 해석해도 그런대로 말이 통합니다.

그러나 면사무소의 면장面長과 다른 '면장'으로 이 말을 설명하기도 합
니다.

『논어』에 나오는 이야기입니다. 어느 날 공자가 아들 백어伯魚에게 이
렇게 묻습니다.

아들아, 너는 (시경에 나오는) 주남周南과 소남召南을 배웠느냐?

아버님, 못 읽었습니다.

아들의 대답에 아버지요 스승인 공자가 말합니다.

사람이 되어서 주남과 소남을 배우지 않으면 마치 담장墻을 정면으로 마주
하고 서 있는 것면장, 面墻과 같은 것이니라.

이는 주남과 소남을 모르면, 마치 담장을 마주하고 서 있는 것처럼,
무엇이 앞에 있어도 (담장이 앞을 가리고 있어) 보지 못하고,
(담장이 앞을 막고 있어) 앞으로 나아가려 해도 나아가지도 못하는
답답하고 어리석은 상태라는 것을 일깨워 준 말입니다.

보아도 보지 못하는 이런 답답한 면장面墻의 상태를 면免하여, 막힘없
이 지혜로운 상태에 이른 것을 '면면장免面墻'을 줄여서 면장免墻이라고
합니다. 담장처럼 우리를 가로막는 어리석음, 무지, 욕심, 죽음의 두려
움에서 벗어나 사람이 가야할 진리를 보아야 합니다.

부지런히 기도하고 비우고 배워 '면장免墻'해야 합니다.
면장 하려면 알아야 합니다. 배우고 알아야 면장免墻 합니다.
면장免墻을 해야 지혜로운 길을 가고 행복한 삶을 누릴 수 있습니다.
면장免墻을 해야 면장面長도 하고 도지사道知事나 시장市長도 잘할 수 있습
니다.
죄와 욕심과 무지에서 벗어나는 면장의 길, 앎의 길은 '배움學, learning'
에 있습니다.
예수께서는 배움에 대하여 말씀합니다.
"내 멍에를 메고 나에게 배워라."

주님에게 와서 사랑의 길, 평화의 길, 영원한 생명에 이르는 진리를
배우라는 말씀입니다.

주님에게 진리를 배워서 면장免牆해야 합니다.

주님 안에서 면장免牆해야, 행복한 인생은 물론 지역을 섬기는 공직자
의 바른길도 열립니다.

가난하게도 부하게도 마시고

기도할 때 대개 크고 많은 것을 구하는 경향이 있습니다.

욕심 없기를 기도하면서도, 간구에 욕심과 야망이 들어있을 때가 적
지 않습니다.

비우기를 기도하면서 나도 모르게 채우는 기도를 하고 있음을 발견할
때가 적지 않습니다.

오늘 잠언 말씀은 참으로 소박하고 진실하며 청아한 기도입니다.

허황한 거짓말을 하지 않게 해 주십시오.

가난하게도, 부유하게도 마십시오. 먹고 살 만큼만 주십시오.

잠언의 기도는 기도인 동시에 곱고 아름다운 시요, 맑고 정직한 고백입니다.

기도는 이래야 합니다.
정작 필요한 것보다 더 많은 것을 구하려는 마음에서,
실상보다 더 크고, 더 아름답고, 더 그럴듯하게 보이려는 마음에서
순수해야 할 기도에 욕심이나 거짓 심지어 허위가 들어갈 때가 있습니다.
그런 기도는 중언부언重言復言이거나 청탁이지 올바른 기도가 아닙니다.
올바른 기도는 적절한 필요必要와 물질에 구애받지 않는 지족知足의 마음
그 이상을 넘지 말아야 합니다.

일부러 가난을 구하거나 환영할 필요는 없습니다.
가난이 반드시 나쁜 것은 아니지만, 때로 우리에게서 자존감이 사라지게 하고, 자칫 우리를 비굴하게 만들 수 있기 때문입니다.
그렇다고 많은 부富, rich를 구하는 것도 역시 언제나 권할 것은 아닌 듯합니다. 재산 자체가 나쁜 것은 아니지만, 돈을 따라 다니다 죄를 짓기도 하고, 자칫 사람이 거만하고 교만해질 수 있기 때문입니다.

성경은 일용할 양식이 있음에 감사하고, 가난하지도 부하지도 말고, 있음에 만족하고 감사하며 살라고 하십니다.
비굴이나 비겁함 없이 당당하고 정직하게

행복한 삶을 살아가는 것이야말로 몸으로 드리는 진정한 기도입니다.
기도와 삶은 서로 다르지 않아야 합니다.

주님께 맡겨야 할 것

성경 말씀

진실하신 하느님, 야훼여, 이 목숨 당신 손에 맡기오니 건져
주소서

Into your hands I commit my spirit; redeem me, O
LORD, the God of truth

(시편Psalms 31:5, 공동번역; NRSV).

성경에는 '맡김'이라는 단어가 자주 나옵니다.

살다 보면 무엇을 잠시 맡기기도 하고 맡아주기도 합니다.

나의 소중한 무엇을 잠시 맡기는 일조차 아무에게나 부탁하기 어렵습
니다. 대부분 잘 아는 이웃이나 지인知人에게 맡깁니다.

맡김은 신뢰信賴, trust 곧 믿음을 전제로 합니다.

대개 일상의 소유물은 큰 불안 없이 잘 아는 지인에게 맡길 수 있습니다.

그러나 물건이 아닌 커다란 이해가 걸린 어떤 일의 끝맺음이나 마음속
의 염려와 불안 혹은 자신의 미래나 목숨은 누구에게 맡길 수 없습니다.

이런 것은 자신의 마음에서 떼어 내놓을 수도 없을 뿐더러,

설사 맡긴다 해도 그 사람이 이 일을 잘 해내리라고 믿기도 어렵기 때

문입니다.

시편 기자는 놀라운 고백을 합니다.

　　진실하신 하느님, 야훼여, 이 목숨 당신 손에 맡기오니 건져주소서.

그는 자신의 목숨을 하느님에게 맡긴다고 고백합니다.
이는 순전한 신앙이 없으면 정말 하기 어려운 고백입니다.
진정한 신앙은 나의 모든 일이나 앞날은 물론 목숨까지도 하느님께 맡기는 것입니다.
그게 신앙입니다.
신앙 곧 믿음은 절대적 신뢰trust이며, '전적인 맡김'입니다.
예수께서는 십자가 위에서 "내 영혼을 하느님께 맡깁니다" 하셨습니다.
영혼을 맡기신 것입니다. 전적인 맡김, 이것이 바로 절대 신앙입니다.
전적인 신뢰와 맡김에서 진정한 자유와 평안, 죽음도 두려워하지 않는 용기가 나옵니다.

물론 맡김이 주님께 드리는 우리의 기도와 수고와 노력이 필요 없다는 말은 아닙니다.
부지런히 계획하고 주님의 뜻을 구해야 합니다.
진인사대천명盡人事待天命의 자세로 모든 일에 할 수 있는 정성을 다해야 합니다.
그러나 일의 성패成敗나 결과는 하느님께 맡기는 것입니다.
하느님께 모든 것을 맡겨야 합니다.

우리의 일을, 우리의 앞날을 맡겨야 합니다.

우리 목숨과 영혼을 맡겨야 합니다.

바로 그 자리가 영원한 기쁨과 평안의 자리입니다.

참 좋구나!

성경 말씀

이렇게 만드신 모든 것을 하느님께서 보시니 참 좋았다. 엿
샛날도 밤, 낮 하루가 지났다
God saw everything that he had made, and indeed, it
was very good. And there was evening and there was
morning, the sixth day
(창세기Genesis 1:31, 공동번역; NRSV).

"참 좋구나!"

아름다움이나 혹은 좋음에 대하여 어디서 미리 배운 적이 없지만
저절로 "참 좋구나!" 하는 감탄이 나올 때가 있습니다.

우리는 감탄의 마음을 세상을 지으시며 감탄하신 하느님에게서 배웁
니다.

감탄의 자리에서는 나와 저it 사이에 구별이 없어지고, 시간 의식도 사
라집니다.

멍하고 미묘하고 분간하기 어려워 말로 표현하기 쉽지 않습니다.

말 그대로 황怳하고 홀惚하여, 황홀합니다.

가을 하늘과 가을 단풍, 가을 들판이 참 아름답고 좋습니다.

봄의 꽃은 꽃대로 예쁘고, 가을의 단풍은 단풍대로 곱고 신비롭습니다.
저절로 마음이 청정해지고 감탄이 나옵니다.

"참 좋구나!"
감탄은, 하느님의 마음입니다. 하느님에게서 나오는 마음입니다.
하느님께서 우주와 자연 만물을 창조하시면서 감탄하셨습니다.
하느님께서 지으신 것은 정말 모두 아름답고 좋습니다.
눈길 닿는 나뭇잎 하나,
꽃 한 송이 바라보며, "참 좋구나!"
하늘 나는 새와 주위의 동물들에 눈길 주며, "참 좋구나!"
길에서 스치며 만나는 얼굴들 배웅하며, "참 좋구나!"
해와 달과 별 바라보며, "참 좋구나!"

"참 좋구나!"
하느님께서는 만드신 모든 것들을 '좋이' 보셨습니다.
하느님에게 세상의 모든 것들은 다 감탄의 대상이었습니다.
없이 보는 무시無視나 흘겨보는 백안시白眼視,
마음에 들지 않는 '싫이'는 있을 수 없습니다.
하느님처럼 감탄하며 살아야 합니다.
하느님께서 지으신 자연의 만물, 우리의 형제자매들, 일상의 범사가
감탄의 대상입니다.
'참 좋구나!' 오늘도 하느님의 마음을 지니고 서로 좋이 보며 살아야
합니다.

멈춤stop이 필요합니다

성경 말씀

너희는 멈추고 내가 하느님인 줄 알아라…

Be still, and know that I am God! …

(시편Psalm 46:10, 공동번역; NRSV).

시간에 쫓겨 급하게 운전을 하다 보면,

유난히 멈춤stop 표지판이나 빨간신호등을 자주 만나는 것 같습니다.

멈춤 표지판 앞에서는 적어도 몇 초는 기다려야 한다고 운전교육 시간에 배웠지만 때로 그 몇 초를 기다리는 것도 쉽지 않음을 느낄 때가 많습니다.

때로 그 시간이 낭비浪費처럼 보이고, 무익無益해 보이기도 합니다.

몇 초 사이에 일의 성패가 달리고 온 세상이 걸린 듯해 보이기도 합니다.

하여, 어떤 사람은 보는 이가 없으면 슬쩍 지나가기도 하고, 아예 무시하기도 합니다.

그러나 '멈춤'은 꼭 필요하며, 모두에게 유익합니다.

사람들은 행동이나 무엇을 함doing에,

무엇을 이룸위, 爲에 익숙합니다.

쉼 없이 움직이고, 빠르게 무엇을 이루려 합니다.

'멈춤'을 불편해합니다.

그러나 '멈춤'이 있기 때문에 모든 행함이 의미 있고 아름답습니다.

멈춤 없는 행동은 무절제요 안 하니만큼 못할 때가 있습니다.

오히려 과유불급過猶不及인 경우가 많습니다.

멈춤 없는 노래는 소음이 됩니다.

멈춤 없는 욕심은 패망의 길입니다.

멈춤은 '하지 않음'으로 '하는 것'입니다.

인생길에서도 '멈춤'이 있어야 합니다.

'멈춤'은 가던 길 멈추어 깊이 보고, 좌우를 보고, 멀리 보는 것입니다.

'멈춤'은 자신을 보고 이웃을 보고, 꽃과 나무를 보고, 하늘을 보는 자리입니다.

'멈춤'은 조용히 서서 하느님이 어떤 분인지 아는 자리입니다.

하느님의 사람은 '멈춤'이 있어야 합니다.

무언가 행하려면 멈추어야 합니다.

멀리, 오래 가려면 멈추어야 합니다.

'멈춤'이 기도입니다.

'멈춤'은 '하지 않음'으로 오히려 모든 것을

'바로 가게 하고, 제대로 이루어지게 하는'

고요하고 거룩한 자리입니다.

정말 중요한 것은 하늘에서 받습니다

살다 보면 절실하게 필요必要, need를 느낄 때가 간혹 있습니다.
어렸을 적 동네의 가난한 집 친구의 어머니가
어느 날은 쌀이 부족하여,
또 어느 날은 학교에 낼 자녀의 기성회비가 필요하여,
이른 새벽부터 민망하고 뻘쭘한 모습으로 이집 저집 종종걸음으로
돈을 꾸러 다니는 것을 본 기억이 있습니다.
살다 보면 쌀이나 돈이, 곤경에서 도와줄 어떤 사람이,
시간이나 건강이 절박하게 필요할 때가 있습니다.

돈은 부족하면 있는 사람에게 가거나 혹은 은행에서 빌릴 수 있습니다.
그러나 세상에는 아무리 필요해도 전혀 어디서도 빌릴 수 없는 것이

있습니다.

사랑이나 희망 혹은 세상을 살아 낼 용기가 부족한 경우 어떻게 할까요?

도무지 누구에게 빌릴 수도 없고, 세상 어디에서 사 올 수도 없습니다.

가장 중요한 것은 눈에 보이지 않는 법이야.

많이 알려진 생텍쥐페리의 어린왕자에 나오는 말이지요.

그 뿐인가요? 사실 정말 중요한 것은 돈으로 살 수도 없는 법입니다.

인생을 살아가는 데 정말 중요하고 필요한 것은 하늘로부터 받을 뿐입니다.

진리, 사랑, 용기, 믿음, 내면의 힘, 절제, 희망 등등은

부족하다고 어디서 사 올 수 없습니다.

하늘에서 오는 것이기 때문입니다.

하늘은 누구에게나 차별이 없습니다.

그래서 하늘입니다.

하느님이 주관하시는 하늘은 누구에게나 열려있습니다.

하늘이 선한 것은 하늘의 모든 것이 구하고 찾고 갈망하는 사람에게 열려있기 때문입니다.

성경은 성령聖靈, Holy Spirit을 통하여 하늘의 선한 것을 받는다고 말씀합니다. 성령님을 통하여 행복한 삶을 사는데 필요한 사랑과 정의, 진리와 용기, 인내와 절제의 영적 은혜를 쉬지 않고 구해야 할 까닭이 여기 있습니다.

존중의 의미

요즘 막말이나 무례한 행동으로 서로 마음 상하는 일들이 많습니다.
상대방에 대한 배려나 예의, 사람에 대한 존중이 없습니다.
존경尊敬 혹은 존중尊重이 필요합니다.
존중에 대한 영어 표현으로 respect, honor, think highly 등이 있습니다.
나보다 높게 여기고, 소중하고 무겁게 여겨 우러르는 마음과 행동이 존경이요 존중입니다.
사람은 누구나 '존중감尊重感'을 필요로 합니다.
누구에게 존중을 받는 일처럼 기분 좋고 긍정의 에너지가 넘치는 경우도 별로 없습니다. 또한 내가 누군가를 존중할 때처럼 그렇게 내 마음이 평안하고 즐거울 때도 없습니다.

성경은 다투어 다른 사람들을 존경하라고 말씀합니다.

다른 이에 대한 존중은 세상을 살아가는데 정말 필요한 삶의 태도입니다.

친하다고 막말하거나, 오랜 지기知己라고 무례히 대하거나, 나이가 어리거나 가진 게 없다고 무시하지는 않는지요? 누구를 존중한다는 것은 나이, 직위, 재산, 권력, 지식에 상관없이 어느 누구도 '함부로, 가볍게, 하찮게' 여기지 않는 것입니다.

요즘 세상을 사는 사람들의 마음에 존경 혹은 존중의 회복이 필요합니다. 존중은 나로부터 시작됩니다.

자신을 존중하는 사람이어야, 다른 사람을 존중할 수 있습니다.

자기 자신이 사랑받고 있고 존중받고 있다는 자아 존중감은 '상한 갈대도 꺾지 아니하시고 소중히 여기시는' 하느님으로부터 존귀하게 여김을 받는 존재라는 영적 존중감에서 나옵니다.

내면의 존중감은 하느님으로부터 나오는 '하늘 마음'입니다.

성경은 다투어 다른 이들을 존경하는 일에 뒤지지 말라고 말씀합니다. 작고 힘없는 사람을 모욕하는 것은 하느님을 모욕하는 것이며, 그를 동정하고 높이는 것은 하느님을 높이는 것이라는 말씀이 있습니다(잠언 14:31).

존중은 이웃을 통하여 하느님과 만나는 삶의 방식입니다. 서로를 공손히 대하고 받드는 다른 이에 대한 존중은 상대방의 마음에 존중의 선한 파동波動을 일으켜 세상 곳곳에 배려와 존중이 넘치게 합니다. 존중은 나와 상대방을 서로 깊이 하나 되게 하는 자리이며, 하느님께서 보내주신 존귀한 존재에 대한 진지하고 따뜻한 환영입니다.

어떻게 저를 아십니까?

성현들은 진리를 알아갈 때의 기쁨을 으뜸으로 쳤습니다.
사람을 알아가는 기쁨 또한 이에 못지않아 보입니다. 누군가 나를 알
아줄 때 또는 함께 살아가면서 미운 정 고운 정 들며 서로를 알아가는
일 또한 인생에서 빼놓을 수 없는 기쁨입니다.

사마천이 전하는 중국 고사에 나오는 예양豫讓이라는 사람은 이렇게
말합니다.
"선비는 자신을 알아주는 임금에게 목숨을 바치고사위지기자사, 士爲知己者死,
여인은 자신을 이해하고 행복하게 해 주는 사람을 위하여 얼굴과 몸을
곱고 단정히 한다모위열기자용, 母爲悅己者容."
읽는 이에 따라 여성에 대한 편견을 담은 주장이라고 볼 수 있는 내용

이어서 조심스럽습니다. 예양은 자신의 말 그대로 자신을 알아준 임금을 위하여 곧고 비장하게 자신의 목숨을 바쳤습니다. 남성이나 여성, 어른이나 어린이 가림 없이 누구나 자신을 참으로 알아준 사람을 위하여 지극한 행동을 하게 됩니다.

요한복음 1장에 나타나엘이라는 사람이 나옵니다. 예수께서 첫 대면에 그를 알아보십니다.

　당신은 참 이스라엘 사람입니다. 당신에게는 거짓이 조금도 없습니다.

그러자 그는 감격하여 이렇게 되묻습니다. "어떻게 저를 아십니까?" 그는 곧바로 자신을 알아봐 주신 주님의 제자가 됩니다. 누군가 나의 진가를, 내 마음을, 나의 고생을, 내 아픔을 알아줄 때처럼 그렇게 기쁘고 힘이 날 때도 없습니다.

입장을 바꾸어, 내가 먼저 다른 사람을 알아주는 것은 어떤지요? 가족이나 직장 동료가 지니고 있는 소중한 가치, 기쁨, 아픔, 마음의 짐을 진심으로 알아주는 것입니다. 알아주는 것은 큰 격려와 응원이 됩니다. 알아줌은 서로를 하나 되게 합니다.
알아줌은 저절로 나오지 않습니다. 먼저 자신에 대한 긍정, 자신감, 행복감이 있어야 합니다. 동시에 그He/She에게 복을 빌어주려는 넉넉한 마음, 찬찬한 응시, 배려와 존중이 필요합니다.
그럼 나는 누가 알아주냐고요? 때로 세상이나 다른 사람들이 나를 몰라주어도 걱정할 것 없습니다. 늘 눈동자처럼 나를 살펴보시고, 내 마음 알아주시고, 내 근심 살펴 주시는 주님이 내 옆에 계십니다(시편 144:3, 139:23).

영원을 아십니까?

때로 그 뜻이 너무 크고 깊어서 들어도 선뜻 이해가 잘 되지 않는 말이
있습니다.

영원永遠, eternity이 그런 말입니다. 요즘 의학이 발달하여 인간 수명
100세를 사는 세상일지라도, '영원'은 모든 인생의 꿈이요 희망일 것
입니다.

예수께서는 '영원한 생명'을 주시기 위하여 오셨다고 성경은 말씀합니다.
우리는 유한有限하고 무상無常한 것에 익숙하여 영원의 개념을 알기 어

렵습니다. 영원은 길고 긴long long 것만을 뜻하지 않습니다. 세상에서 아무리 '길어도' 영원에 비추어보면 점에 불과할 뿐이지요. 영원을 무한無限한 공간으로 설명하는 것도 충분하지 않습니다. 영원은 단지 공간空間의 무한 확장이 아니기 때문입니다. 영원을 죽어서 사후 세상에서 누리는 영혼불멸靈魂不滅로 보는 것도 완전하지 않습니다. '지금 여기now & here'를 포함하지 않은 영원은 결코 영원이 아니기 때문입니다.

'영원'은 정말 설명하기 어려운 개념입니다.
혹 누가 설명해준다 해도 알아듣기 어렵습니다.
'영원'은 제 스스로 아는 것입니다.
누가 사과에 대해 설명해 줄 수 있지만 '사과 맛'까지 전해 줄 수 없는 이치와 같습니다. '사과 맛'은 본인이 아는 것입니다. '영원'도 그렇습니다. 영원은 지적 연구나 객관적 파악의 대상이 아닙니다. 영원은 유한과 무상을 넘어선 세상 곧 절대세계에 대한 믿음의 영역이요 깨달음의 영역입니다.

성경은 예수님 안에 '영원한' 생명이 있다고 말씀합니다.
영원은 눈으로 볼 수 없습니다. 영원은 머리로 알 수 없습니다.
그렇다고 사람 사는 세상을 벗어난 피안彼岸 저 멀리 있는 것도 아닙니다.
우리는 예수 그리스도의 진리의 가르침에서, 가림 없고 후박 없는 사랑의 삶에서,
십자가의 고난과 죽으심에서 부활하신 부활의 영광에서
영원을 만납니다. 영원은 그런 것입니다.
영원은 주님 안에서 제 스스로 알아가는 것입니다.

기다림의 유익

성경 말씀

당신은 하느님께서 보지 않으신다고 해서 엄청난 주장을 펴지만 이미 당신 사건은 그의 앞에 놓여있다오. 그러니 기다리시오

How much less when you say that you do not see him, that the case is before him, and you are waiting for him!(욥기Job 35:14, 공동번역; NRSV).

살다 보면 아무리 생각해도 머리로 알 수 없는 것이 있습니다.

아무리 노력해도 마음으로 이해되지 않는 것이 있습니다.

아무리 찾아봐도 눈으로 볼 수 없는 것이 있습니다.

세상의 모든 것을 머리로, 마음으로, 눈으로 다 알 수 없습니다.

시간이 지나야, 때가 되어야,

눈물이 있어야 알 수 있는 것이 있습니다.

그때까지는 기다려야 합니다.

때로 기다림은 더 큰 앎으로, 더 충분한 이해로, 더 깊은 깨달음으로 우리를 인도합니다.

수백 마디의 말이나 수백 가지의 논증으로도 풀 수 없었던 오해들이

기다림을 통하여 눈 녹듯이 풀어질 때가 있습니다.
신앙인에게 기다림은 시간 낭비가 아니라,
깨달음과 은혜로 나아가는 다리Bridge요,
영적 성숙의 과정이기도 합니다.

성경에서 욥의 친구 엘리후는 욥에게 기다리라고 말합니다.
비록 답답하고 지루해 보여도 신앙의 삶에서 기다림이 필요합니다.

> 야훼께서 건져주시기를 조용히 기다리는 것이 좋은 일이다(애가 3:26).

> … 쉬 오지 않더라도 기다려라. 기어이 오고야 만다(하바꾹 2:3).

고대하고 원하는 바가 쉬 오지 않을지라도 기다려야 합니다.
모든 것은 하느님 보시기에 적시適時 곧 알맞은 때가 있습니다.
흙에 묻힌 씨앗에서 새싹이 나오는데도,
알에서 병아리가 부화하는 데도 알맞은 시간이 필요합니다.

우리의 인생사도 우리에게 알맞은 때가 있습니다.
초조, 불안, 조급, 성급, 포기를 내려놓고
말씀과 기도 가운데 조용히 주님의 때를 기다려야 합니다.
믿음 가운데 기다리고 기다리면 기어이 어둠은 사라지고 밝은 새날 올
것입니다.
기다림은 하느님의 사랑의 섭리 안에서 우리의 신앙과 성품이 새로이
빚어지는 자리요,

절망과 시련 너머 은혜의 새날 열리는 카이로스_{kairos}의 시간 무르익어
가는 때입니다.

일상의 삶은 나를 비추는 거울

성경 말씀

그래서 예수께서는 "너희가 사람의 아들을 높이 들어 올린 뒤에야 내가 누구라는 것을 알게 될 것이다. 또 내가 아무것도 내 마음대로 하지 않고 아버지께서 가르쳐 주신 것만 말하고 있다는 것도 알게 될 것이다"

So Jesus said, "When you have lifted up the Son of Man, then you will realize that I am he, and that I do nothing on my own, but I speak these things as the Father instructed me"(요한복음John 8:28, 공동번역; NRSV).

사람을 바로 알기란 쉽지 않습니다.

심지어 내가 어떤 사람인지 자신의 진면목眞面目을 아는 것도 그리 쉬운 일이 아닙니다.

어떤 사람에게 돈을 맡겨보면 그 사람이 어떤 사람인지 알 수 있다는 말도 있습니다.

군이 이른바 관상觀相이나 수상手相을 보지 않아도

그가 바르고 진실하며 좋은 사람인지 아는 길은 많이 있습니다.

그 사람에게 시간이나 기회를 줘 보면 압니다.

어려움을 만나 대처하는 것을 보면 그 사람을 알 수 있습니다.

일을 맡겨보면 사람을 알 수 있습니다.

정치인들에게서 보듯이 권력을 줘 보면 그 사람과 그의 깜냥을 알 수
있습니다.

조언이나 충고를 해보면 그 사람됨을 알 수 있습니다.

약속을 해보면 그 사람의 됨됨이를 압니다.

일상의 모든 일들은 내가 어떤 사람인지 혹은 그가 어떤 사람인지,
사람의 진면목을 드러내는 거울입니다.

예수께서는 "내가 십자가에 높이 달린 이후에 당신들은 내가 누구인
지 나를 알게 될 것입니다"라고 하셨습니다. 예수님의 십자가와 부활
은 예수께서 나누신 말씀이, 그분의 가르침이, 그분의 삶 전체가 어떤
분인지를 확연하게 알려 주었습니다. 주님의 십자가와 부활은 예수님
이 곧 그리스도요 세상의 길이요 진리요 영원한 생명임을 보여주었
습니다.

군자불감어수君子不鑑於水 이감어인而鑑於人이라는 말이 있습니다.

세상을 바르고 선하게 살아가려는 사람은 물을 거울로 삼지 아니하고
사람을 거울로 삼는다는 말입니다. 사람들과의 관계 곧 일상의 삶은
나를 비추는 거울입니다.

오늘 나의 말이, 나의 행동이, 나의 결정이 내가 누구인지 세상에 나를
드러냅니다.

오늘 여기now and here의 일상에서 마주하는 크고 작은 일 하나라도,

말 한마디나 몸가짐 하나도 가벼이 여기거나 허투루 하며 살 수 없는 이유입니다.

계획할 수 있는 것과 없는 것

나이와 무관하게 젊음을 지닌 채 늘 푸르고 영원한 청년으로 살고 싶
습니다.

어떤 사람은 젊고도 늙었고, 어떤 사람은 늙어도 젊다.

『탈무드』에 나오는 말입니다.
젊음의 특징을 들라면 단연 젊은 나이를 들 수 있겠지만 나이 말고도
열정, 용기, 패기, 도전정신, 꿈, Vision, 계획 등 나이 외에도 여러 가
지가 있습니다.
나이 불문하고 꿈과 계획計劃, Plan이 충만하다면 가히 젊은 사람이라 할
수 있습니다.

성경 잠언은 철저하고 실현 가능하게 계획을 세우고, 꿈과 비전을 위하여 노력하는 삶을 살라고 말씀합니다.

나이를 떠나 청년의 마음으로 살려는 사람들에게 유용한 말씀입니다. 이런 말이 있습니다.

> 꿈을 날짜와 함께 적어놓으면 그것은 목표가 되고, 목표를 잘게 나누면 그것은 계획이 되며, 그 계획을 실행에 옮기면 꿈은 실현되는 것이다(드레그 S. 레잇).

꿈의 실현을 위하여 노력하되 잊지 말아야 할 것이 있습니다.

'계획을 이루어 주시는 분은 하느님'이시라는 사실입니다.

풀이하면 이런 뜻입니다.

우리는 내일 할 일이나, 10년 후에 이룰 목표를 월별이나 주週단위로 심지어 분초分秒 단위까지 계획표에 꼼꼼하게 계획할 수 있습니다.

그러나 기억해야 할 것이 있습니다. '내일' 혹은 '10년 후'라는 시간 자체는 우리의 계획 밖에 있다는 점입니다. 내일에 '할 일work'은 계획할 수 있어도, '내일tomorrow' 자체는 계획할 수 없습니다.

'내일' 혹은 '10년'이라는 시간은 전적으로 하느님이 주셔야 합니다. 시간은 누구도 미리 구매하거나 선점할 수 없으며, 전적인 은총이요 하늘의 허여許與입니다.

그러므로 우리가 무엇을 이룬다는 것은, 그 일이 아주 작은 일이라도, 우리의 노력과 땀 위에 내려주시는 하느님의 허락하심과 축복blessing 이 있어야 가능합니다.

뜻을 정밀하게 다듬어 구하는 바 비전과 계획을 세웠다면, 비전의 성취를 위하여 성실하고 치열하게 노력해야 합니다. 그리고 마음을 다하여 겸손하게 하느님께 기도해야 합니다.

희망 가운데 용기를 내고, 이마의 땀을 닦으며 동시에 눈을 들어 하느님을 바라보아야 합니다. 진인사대천명盡人事待天命입니다.
여기까지가 우리가 할 수 있는 일입니다.
그 이상은 하느님의 일이십니다.
그게 '믿음'입니다.

세상을 다르게 보려면

성경 말씀

사람들이 어린이들을 예수께 데리고 와서 손을 얹어 축복해 주시기를 청하자 제자들이 그들을 나무랐다. 그러나 예수께서는 화를 내시며 "어린이들이 나에게 오는 것을 막지 말고 그대로 두어라. 하느님의 나라는 이런 어린이와 같은 사람들의 것이다. 나는 분명히 말한다. 누구든지 어린이와 같이 순진한 마음으로 하느님 나라를 받아들이지 않으면 결코 거기 들어가지 못할 것이다"하고 말씀하셨다

People were bringing little children to him in order that he might touch them; and the disciples spoke sternly to them. But when Jesus saw this, he was indignant and said to them, "Let the little children come to me; do not stop them; for it is to such as these that the kingdom of God belongs. Truly I tell you, whoever does not receive the kingdom of God as a little child will never enter it"

(마르코복음Mark 10:13-15, 공동번역; NRSV).

오늘은 아재개그gag(?)로 시작합니다.

조금만 다르게 보면 다르게 보입니다.

영 고치지 못하는 '고질병'에 점 하나 찍으면 '고칠병'이 됩니다.

영 발버둥쳐도 할 수 없는 불가능을 의미하는 "Impossible"에 점하나 찍으면 "I'm possible"(나는 할 수 있습니다)이 됩니다.

꿈과 희망이 어디에도 전혀 없다는 낙심과 절망을 의미하는 "Dream is nowhere"에서 한 글자만 떼어 쓰면 꿈과 희망이 바로 여기에 있다는 "Dream is now here"가 됩니다.

예수님은 세상과 '다르게' 보셨습니다.

당시 세상 사람들이 하찮고 성가신 존재로 여기던 어린이들을 '하느님 나라의 주인공'으로 보셨습니다. 어린이를 다르게 보셨습니다. 다르게 본다는 것은 편견이 아니라, 있는 그대로를 보는 것입니다. 낙심과 절망, 무시와 저평가 속에서 가능성과 희망을 보는 것입니다. 새로움을 보는 것입니다. 숨겨진 0.0001%의 가능성을 보는 것입니다.

다르게 봄은 또한 하늘을 올려다보는 것입니다.

예수께서는 5천 명이 넘는 배고픈 사람들을 앞에 두시고 겨우 '빵 다섯 개와 물고기 두 마리'를 손에 드시고 다섯 개의 빵이 아니라 하늘을 우러러 올려다 보셨습니다(마태 14:19). 다르게 보신 것입니다. 올려 보셨습니다. 그러자 모든 사람들이 배부르게 먹고 남는 기적이 일어 났습니다.

주님께서 그러셨듯이,

주님 안에서 진리를 추구하는 사람은 다르게 보아야 합니다.

세상과는 다른 각도角度, 다른 관점觀點, 다른 입장立場에서 보아야 합니다.

과거를 거울삼고, 현재를 둘러보고, 미래를 내다보는 가운데

하늘을 올려다보아야 합니다.

'올려봄'이 있어야 합니다.

올려봄은 믿음과 희망으로 하느님을 바라보는 것입니다.

다르게 보아야 합니다.

그래야 참으로 바르게 볼 수 있습니다.

얼굴은 마음의 생김새

얼굴face, 토박이말로 '낯'이라고 합니다.

얼굴은 우리 신체 가운데 매우 중요하게 여겨지며, 사람의 첫인상을 결정하기도 합니다.

조선시대 인물을 고르는 네 가지 기준이 신언서판身言書判이었는데, 여기서 신身은 신수身手로 얼굴의 이목구비耳目口鼻에 드러나는 인상을 의미합니다.

얼굴과 관련된 말들이 참 많습니다. 관상觀相, 용모容貌, 동안童顔, 성형수술, 미용美容, 철면피鐵面皮, 후안무치厚顔無恥 등등….

얼굴의 어원에 대한 설명이 많이 있습니다.

정신이나 마음을 의미하는 '얼'과 사물의 모양새나 형상을 의미하는 '꼴'로 이루어진 '얼꼴'에서 왔다는 설, 얼이 나다니는 골짜기솝나 굴窟

에서 '얼골'이나 '얼굴'이 나왔다는 주장, 성숙이나 익음을 의미하는 르완다어 얼era에서 왔다는 설 등등이 있습니다. 모두 얼굴을 마음과 관련하여 설명합니다.

얼굴에서 중요한 것은 '외모'가 아니라 '드러남' 곧 풍기는 인상입니다.
얼굴은 마음의 생김새를 담고 있습니다.
얼굴에 마음의 품격이 드러납니다.
얼굴에 드러나는 정신의 모양새를 표정 혹은 낯빛이라 합니다.
얼굴의 피부를 위한 화장품은 있지만, 표정을 가꾸는 화장품은 없습니다. 얼굴의 표정은 내면의 여유와 성숙, 바르고 넉넉한 마음과 정신이 결정합니다. 이런 것들이 얼굴얼골에 모이면 곱고, 밝고, 평화롭고, 아름다운 얼굴이 됩니다.

미국의 아브라함 링컨 대통령은 사람은 나이 40이 되면 자기 얼굴에 대해서 책임을 져야 한다는 말을 했습니다. 링컨 대통령은 외모가 아니라 '얼굴'에서 풍기는 표정, 드러남으로 사람을 보았습니다. 사람의 마음가짐과 생활 태도에 따라서 얼굴의 품위와 표정이 바뀝니다. 얼굴은 그 사람의 정신사精神史의 표현이요, 생활사生活史의 기록이라 할 수 있습니다.

마음속에 있는 것이 밖으로 드러납니다.
마음속의 진심과 따뜻함, 사랑과 관대, 하느님에 대한 믿음과 사랑이 우리의 얼굴로 드러납니다. 성경은 역경逆境과 슬픔 속에서도 얼굴에 그리스도인의 겸손과 온유, 맑고 밝은 낯빛을 얼굴에 지니며 살라고 말씀합니다. 마음이 넉넉하고 웃으면 얼굴 또한 넉넉하게 웃습니다.
얼굴은 마음의 생김새입니다.

셋,

더불어 사는 삶

주님, 제 마음을 빚어 주소서

성경 말씀

사람들의 마음을 몸소 빚어 주신 분이시라, 사람이 하는 일
모르는 것이 없으시다
He who fashions the hearts of them all, and observes
all their deeds(시편Psalms 33:15, 공동번역; NRSV).

설날이나 추석에 만두나 송편을 예쁘게 잘 빚으시는지요?

흙이나 무엇을 이겨서 어떤 형태를 만들거나,

가루를 반죽하여 만두나 경단 등을 만들 때,

지에밥과 누룩을 버무리어 술을 담글 때 '빚는다'는 표현을 합니다.

손으로 무엇을 빚을 때 손에는 특별한 촉감觸感이 느껴집니다.

내 손에서 무엇이 빚어질 때 멋진 작품을 만드는 예술가처럼 마음이
흐뭇해집니다.

내 손에서 무엇이 빚어지고 만들어지다니….

어쩌면 흙을 빚어 사람을 만드신 창조주創造主 하느님께서 느끼시는 창
조의 기쁨도 혹시 이런 것이 아닐까….

만두나 빚고 송편을 빚다가 우주의 창조까지 엄청난 비약을 하기도 합

니다.

성경은 '마음'도 빚어지는 것이라고 말씀합니다.
우리가 흙이나 나무나 금속을 빚어 작품을 만들듯이,
하느님은 사람의 마음心을 빚어
'참되고 선하며 아름다운 삶'을 만들어내십니다.

마음은 시시각각 형형색색 들쭉날쭉 변화가 많습니다.
커졌다 작아졌다, 강해졌다 약해졌다, 기쁨이 넘쳤다 슬퍼졌다,
너그러워졌다가 일순간 인색해지고…
내 마음 나도 모를 때가 참 많습니다.
오늘 내 손에 올려져 빚어지는 송편처럼,
하느님의 손길에 이 마음이 넉넉하게 빚어지기를 원합니다.

공손히 마음을 하느님 앞에 내어놓는 것,
겸손히 마음에 하느님의 말씀을 받아들이는 것,
간절히 하느님께 뜻을 구하는 것 그것이 기도입니다.
기도는 내가 하느님 안에서,
하느님의 사람으로 빚어져 가는 것입니다.
주님, 제 생각thought과 제 마음mind을 빚어 주소서!

천심天心을 받들며 산다는 것은

국회의원이나 대통령을 뽑는 선거는 매우 중요한 나라의 큰일입니다.
투표권은 없지만 미국의 대통령을 뽑는 투표 현장에 가보곤 합니다.
한국이나 미국이나 후보자는 모두 어떻게든 유권자의 마음을 얻으려고
자기를 알리고, 악수를 하고, 심지어 절까지 하며 읍소泣訴합니다.
몇 년에 한 번이지만 이날만큼은 시민이 주인主人이 되어
마음에 둔 후보자나 정당政黨에 표를 줍니다.

선거 때면 민심民心, 표심票心이라는 말을 많이 듣습니다.
정치인들은 민심을 얻고자 새벽부터 밤늦게까지 동분서주합니다.
주권재민主權在民의 민주국가에서는 정치인의 생명이 민심에 있기 때문
입니다.

적어도 선거 때만큼은 민심을 가장 두려워하고 얻으려 하는 모습이 보입니다. 민심을 외면한 정치인은 오래가지 못합니다. 퇴출out입니다.

모든 정치인에게 받들어야 할 민심民心이 있다면,
하느님의 자녀들에겐 받들어야 할 천심天心이 있습니다.
천심이란 곧 '하느님의 뜻, 주님의 뜻'입니다.
하느님의 뜻을 말할 때 비록 쓰기는 천심天心이라 쓰지만,
우리는 천심의 출발점을 지상地上 곧 사람에게서 찾습니다.
하느님이 지으신 사람을 건너뛰어 하느님에 이르는 길은 없기 때문입니다. 하느님께서 지으신 사람들의 마음 곧 민심民心과 동떨어진 천심은 없습니다.

주님은 이웃을 자기 몸처럼 사랑하는 것이 천심 곧 하느님을 모시는 길이라 하셨습니다. 민심을 보듬고 사는 것이 하느님 나라에 들어가는 삶이라는 말씀입니다.
세상 모든 사람을 지극히 사랑하며, 형제요 자매요 어머니로 받들며 사는 사람은 이미 하느님의 뜻天心을 실천하며 사는 사람입니다.
예수께서는 진정한 형제자매의 기준을 혈육의 동일함이 아니라
'하느님의 뜻'의 동일함에 두셨습니다.
주님 안에서 민심이 천심이고 천심이 곧 민심입니다.
하느님의 뜻을 찾아 실천하며 살아야 할 장소는 사람 냄새 나는 바로 여기입니다.

경쟁보다 아름다운 최선

4년마다 올림픽 경기를 보게 됩니다.

"더 빨리, 더 높이, 더 멀리"라는 구호 속에 각종 운동 경기가 열립니다.

올림픽의 흥미는 경쟁競爭, competition에 있는 듯합니다.

선수 개개인마다 최선을 다하여 경쟁을 하고 승패에 따라 웃고 웁니다.

선수들은 물론 시청자들도 국가 간 메달 경쟁에 열을 올리며 경기를
보기도 합니다.

그러나 올림픽 헌장에는 이렇게 나와 있습니다.

올림픽에서의 경쟁은 개인이나 팀의 경쟁이지 국가 간의 경쟁이 아니다
(The Olympic Games are competitions between athletes in in-
dividual or team events and not between countries).

올림픽에서 선수들의 경쟁은 국가의 국력이나 민족의 우수성을 증명하는 자리가 아니라 자기와의 겨룸에서 승리를 축하하고, 지구촌의 화합과 인류 전체의 발전을 향한 것입니다.

은연중 나도 모르게 올림픽 경기에 나간 선수 이상으로 늘 '경쟁심'을 갖고 세상을 사는 모습을 발견하고 놀라곤 합니다. 그러다 보니 때로 반칙反則도 하고 불안감이나 쫓기는 긴장 속에 살게 됩니다. 살벌하고 험한 세상이니 어찌할 도리가 없다고 스스로 위안하기도 합니다. 지나친 경쟁의식을 갖고 살면, 만나는 모든 사람이 물리쳐야 할 라이벌이 되고, 순간순간이 심각한 승패의 갈림길로 여겨집니다. 삶은 살벌한 전쟁터가 됩니다.

성경은 도에 넘치는 경쟁은 바람을 잡듯 헛된 일이라고 말씀합니다.
경쟁의 유혹과 불안함에서 벗어나야 합니다.
경쟁에서 벗어나는 길이 있습니다.
경쟁의 대상을 바꾸는 것입니다.
경쟁의 대상을 상대방에게서 나로 바꾸는 것입니다.
나와 경쟁한다는 것은 묵묵히 자신을 바꾸고 노력하고 새롭게 하는 것입니다.
완벽함이 아니라 탁월함을 위하여 애쓰라는 말이 있습니다.
자신의 삶에 최선을 다하는 것입니다.
인생에는 순위가 없습니다.
하느님 나라 역시 고정된 순위가 없습니다.
주님은 첫째가 꼴찌가 되고, 꼴찌가 첫째가 된다고 말씀합니다.

자신에게 최선을 다하는 사람, 자신을 새롭게 하고 이기는 사람, 넘어진 이웃에게 손을 내밀어 일으켜 주고, 진리의 말씀과 주님의 사랑으로 세상을 돕고 섬기는 사람이면 모두 금메달 인생입니다.

세상은 나를 잊을지라도

우리는 많은 것을 보고 듣고 기억하며 살지만
한편으로는 많은 것을 잊으며 삽니다.
그래서 사람을 망각忘却의 동물이라고도 합니다.
알았던 것을 기억하지 못하거나, 받은 은혜나 고마움,
혹은 사람의 본분을 기억하지 못할 때 우리는 '잊었다'고 합니다.

사람이 비록 망각의 존재임을 알지라도 우리는 자신이 누구에게 잊힌
존재가 되는 자신의 '잊힘'에 그리 익숙하지 않습니다. 누군가가 내 이
름이나 나의 수고나 나의 의미 있는 행동을 기억해 주면 기분이 좋습
니다.
반대로 내가 누군가에게, 특히 가깝고 사랑하는 사람들에게

언젠가 잊힌다고 생각하면 서운하고, 허무한 마음이 들기도 합니다.
치매_{癡呆}가 두렵고 슬픈 것은 일상의 크고 작은 기억은 물론 가장 사랑하는 사람조차 알아보지 못할 정도로 지니고 있던 모든 기억이 사라지기 때문입니다.

결연한 마음으로 주고받은 굳센 마음의 맹서도, 비문_{碑文}도, 저 단단한 묘지석도, 이름 있는 산의 거대한 돌탑_{케언,cairn}도
세상의 누구도, 세상의 그 어느 것도 우리를 영원히 잊지 않고 마음에 담을 수 없음을 우리는 압니다.
왜냐하면 저 공고한 비문도, 저 웅장한 돌탑도 언젠가는 사라지기 때문입니다.

그럼에도 살아 있을 동안에는 살아오면서 가족과 주위의 여러분들로부터 받은 고마움, 친절, 은혜, 곱고 아름다운 일들, 용기 있고 의미 있는 일들을 고이 간직하여 잊지 않고 기억하고 싶습니다.
고마움과 사랑의 수고를 잊지 않고 간직함, 그것은 살아있는 사람의 의무이고 예의입니다.

성경은 망각의 허전함을 지닌 우리들에게 '잊음이 없으신' 하느님을 말씀합니다.

　　나는 결코 너를 잊지 아니하리라.

하느님은 영원히 우리를 기억하시는 분이십니다.

언젠가 있을 세상의 '잊힘_{잊혀짐}' 속에서도 우리가 낙심하거나 허무해하지 않는 것은 우리를 영원히 잊지 아니하시는 하느님이 있기 때문입니다.

하느님 안에는 잊음이 없습니다.
There is no forgetfulness in God.

욕은 먹는 것입니다

성경 말씀

누가 무슨 말을 하더라도 못 들은 체해 두어라. 네 종이 너를
욕하더라도 귀담아듣지 말라. 너 자신도 남을 얼마나 욕했는
지 모르지 않느냐?

Don't pay attention to everything people say, you may
hear your servant insulting you, and you know
yourself you have insulted other people many times

(전도서Ecclesiastes 7:21-22, 공동번역; NRSV).

욕에 대한 말씀입니다.

욕이란 남의 인격을 무시하는 모욕적인 말을 의미합니다.

우리 토박이말에는 욕辱이라는 말이 없는 것으로 보아,

어쩌면 우리 민족은 욕을 모르고 산 착하고 순한 민족인지 모릅니다.

그럼에도 가만히 살펴보면 욕의 종류가 상상 이상으로 많습니다.

요즘은 일상의 대화 중에 '욕'이 많이 사용되고 있어 걱정이 됩니다.

어떤 직장인들은 욕이 가득 담긴 이른바 '뒷담화'로 스트레스를 푼다
고 합니다.

다른 사람을 욕하기는 쉽지만, 누가 나에게 하는 욕을 듣기란 매우 힘

들고 어렵습니다.

억울하고 화가 납니다. 민감하게 반응하게 됩니다.

없는 자리에서는 나랏님도 욕한다는 말이 있습니다.

믿음의 눈으로 보면 욕 앞에 너무 민감할 필요는 없을지 싶습니다.

성경은 누가 네게 욕을 하더라도 못들은 체하라고 말씀합니다.

입장을 바꾸어 나를 욕하는 사람의 마음을 헤아려 보고,

너 또한 다른 사람을 욕했던 경우를 성찰하며 과민반응하지 말라는 말씀입니다.

욕을 통하여 자신을 성찰하라는 말은 욕을 먹으라는 말과 다르지 않습니다. 누구로부터 욕을 들으면 맞대응하지 말고 그 욕을 '먹어야食'합니다. 욕은 먹는 것입니다. 욕을 들으면 더 크고 험한 욕으로 되갚으려는 사람도 있습니다. 바람직하지 않습니다.

비록 마음이 아플지라도 욕은 내가 '먹어야'합니다. 먹고 소화消化해야 합니다. 욕에 대한 스트레스는 욕을 먹어 소화해 낼 때 비로소 사라집니다.

욕을 '먹는다'는 것은 상대방에게 들은 욕을 통하여 스스로 부족함이 없는지 자신을 돌아보고, 서운함이나 분노를 견디어 내고, 억울함을 참아 내는 것을 뜻합니다. 또한 오해가 풀리기를 기다리면서 용서와 화해를 주고받는 내면의 영적 소화 과정을 의미합니다. 욕을 소화해 내는 과정을 통하여 자기 성숙과 성장을 할 수 있습니다. '너에게 가장 불편한 시기는 너 자신에 대하여 가장 많이 배우는 시기이다'라는 말이 그 말입니다.

욕도 잘 먹을 수 있는 시기가 있습니다.

마음에 자아 존중감이 가득하고 평화와 사랑의 에너지가 충만할 때, 내면에 긍정의 에너지가 넘칠 때입니다. 그때에는 아무리 심한 욕을 들어도 너끈히 먹고 소화할 수 있습니다.

누구에게 욕을 듣게 된다면 잘 먹고 충분히 소화해야 합니다. 그래야 욕을 욕으로 갚지 않고 오히려 칭찬과 덕담으로 갚을 수 있습니다.

모두가 소중한 존재

나이가 들면 몸의 상태에 따라 글자가 잘 보일 때도 있고 잘 안 보일
때도 있습니다. 다른 사람의 아픔도 그렇습니다. 어떤 경우에는 다른
사람의 불편이나 아픔이 우리의 눈에 잘 보이지 않을 때도 있습니다.
대개 한창 젊고 힘이 있고 잘 나갈 때에는 그렇지 못한 사람들을 실력
없는 자로, 게으른 자로, 루저loser나 낙오자로, 하찮은 존재로 바라보
려는 유혹을 받게 됩니다.

욥은 자신의 딱한 처지를 충분히 이해해 주지 못하고, 위로는커녕 훈
계조로 마음을 아프게 하는 친구들에게 아픈 사람의 상처를 알아주지
못한다고 서운해 합니다. 마음의 눈에 다른 이의 상처가 상처로 보이
지 않을 때가 있습니다. 심지어 사람이 '사람으로' 보이지 않는 경우도

있습니다. 마음이 어두워졌기 때문입니다.

세상을 살다 보면 이런저런 이유로 세상에서 밀려난 주변부 사람들을 보게 됩니다. 이런 사람들을 어떻게 보아야 할까? 예수께서는 이런 사람들을 주님 자신과 동일시 하셨습니다. 몸을 기울여 마음의 하소연을 들어주셨고, 따듯이 손을 잡아주셨으며, 음식을 함께 드시고 말씀과 사랑을 나누시고 눈물 흘리셨습니다.
이 사람들도 역시 하느님의 사랑 받는 존재라고 선언하셨습니다.

세상에 업신여김과 푸대접을 받도록 태어난 사람은 없습니다.
세상에 사람들의 무시와 박정薄情 속에 이리 치이고 저리 밀려도 괜찮은 존재는 어디에도 없습니다. 모두가 하느님으로부터 온 소중한 존재입니다. 하느님 안에서 천하무인天下無人입니다. 곧 천하에 남이 없고 다 같은 형제자매들입니다.

어떤 깨달은 사람은 천하의 모든 사람이 한갓 수단이나 이용의 대상이 아니라, 모두 소중한 사람이요 정겨운 이웃으로 보일 때 그때가 바로 '마음의 새벽'이라 했습니다.
비록 눈이 어두워 글자가 흐리게 보일지라도, 행여 마음의 눈까지 어두울 수는 없습니다.
글자가 안 보이면 노안老眼이 찾아온 것에 불과하지만, 곤궁에 처한 사람들이 하찮은 존재나 천더기로 보이고 이웃의 어려움과 고통의 소리가 안 들린다면 이는 참으로 두렵고 슬픈 일입니다.
참 사람의 길은 물론, 하늘에 이르는 길이 막혔기 때문입니다.

좋은 감정 키워주고

칠정七情이라 하여 사람의 일곱 가지 감정emotion으로 희노애락애오욕喜怒
哀樂愛惡慾 곧 기쁨, 노여움, 슬픔, 즐거움, 사랑, 미움, 욕심을 듭니다.
어디 감정이 7가지 밖에 없겠습니까? 철학자 스피노자는 감정을 48
가지로 분류합니다.

경탄, 연민, 회한, 당황, 경멸… 치욕, 겁, 소심함, 쾌감, 수치심 등등.
마음을 자세히 살펴보면 이보다도 훨씬 더 많을지 싶습니다.

사람은 감정의 동물이라 합니다. 무시로 복잡 미묘한 감정 가운데 살
아갑니다.

한 번의 좋은 감정 때문에 선한 인연이 맺어지거나 좋은 일이 이루어
지기도 합니다.

오래 잘 지내다가도 단 한 번의 나쁜 감정 때문에 큰일을 그르치기도

하고, 평생지기 벗과 헤어지기도 합니다.

요즘 감정조절장애 혹은 분노조절장애로 일어나는 사건 사고들이 참 많습니다.

안타까운 일입니다. 우리 안에서 일어나는 감정 표현이 서툴기 때문입니다.

성경은 독설, 격정, 분노 같은 부정적인 감정을 내어 버리라고 말씀합니다. 나쁜 감정을 짓지 말고, 나쁜 감정에 휘둘리며 살지 말라는 말씀입니다.

감정은 정말 어쩔 수 없는 것인가?

대개 훈련하면 부정적인 감정을 어느 정도 조절하거나 바꿀 수 있다고 합니다. 사람은 생각하는 대로 느낍니다. 매우 찰나의 순간이지만 감정은 의식적이든 무의식적이든 인간의 지각知覺-생각 작용을 따라 나옵니다. 선先지각 후後감정입니다.

그러므로 긍정적인 생각이 중요합니다. 여기서 좋은 감정이 나옵니다. 감정을 선택할 힘도 여기서 나옵니다. 설사 부정적인 감정이 나오더라도 이를 약화, 조절할 수 있습니다. 부정적인 감정이 이끄는 대로 살지 말아야 합니다. 내가 감정을 다스려야 합니다.

감정의 선택권은 나에게 있습니다.

내 기분은 내가 선택해야 합니다.

마음을 살펴, 좋지 않은 감정을 일어나게 하는 부정적인 생각을 내어버려야 합니다. 긍정적인 감정은 마음의 에너지를 주어 더욱 키워주고 부정적인 감정은 달래주어야 합니다.

노력해도 말처럼 쉽지 않으니 날마다 정밀하게 마음을 살펴야 합니다.
주님께 긍정적인 생각을 구하고, 분노나 질투나 복수심 같은 부정적
인 감정에 휘둘리며 살지 않도록 간구해야 합니다.
그게 기도요 그 자리가 참 행복의 자리입니다.

오늘 내 마음의 감정은 어떠신지요?
How do you feel today?

살고 싶은 대로 살려는 유혹

성경 말씀

너희가 정말로 하는 소리는, "하느님을 섬겨 보아야 쓸데없는 일이다. 그의 분부를 지켜보았지만, 무슨 소용이 있더냐? 만군의 야훼 앞에서 베옷을 입고 울어 보았지만 무슨 소용이 있더냐? 결국 살고 싶은 대로 살아야 살 길이 트이는 세상인 걸. 못된 짓을 해야 성공하는 세상인걸. 하느님을 시험하고도 멀쩡하게 살아 있지 않은가!"

You have said, "It is vain to serve God. What do we profit by keeping his command or by going about as mourners before the Lord of hosts? Now we count the arrogant happy; evildoers not only prosper, but when they put God to the test they escape"

(말라기Malachi 3:14-16, 공동번역; NRSV).

젊은이의 눈으로 세상을 보면 세상이 때로 공정하지 않고 편법, 불법, 불의가 가득하고 부정직한 사람이 잘 되어 가는 모습이 유독 크게 보일 때가 있습니다. 마음이 순수하고 정의감이 넘치기 때문입니다. 기개와 순수로 가득한 젊은이로서 처음에는 결연하게 분노하고 저항하다가 나도 모르게 지치거나 마음이 흔들릴 때가 있습니다.

오늘 구약성경을 보면 말라기 시대 하느님의 백성들도 그랬습니다. 세상이 어지럽고 타락이 극에 달한 가운데 우상을 섬기고 편법을 일삼는 사람들이 부유해지고 권력을 잡자 하느님의 백성들 가운데 타락한 세상을 따라가려는 사람들이 생깁니다.

이에 말라기 예언자는 흔들리지 말고 하느님을 공경하고 더욱 바르고 정의롭게 살아야 한다고 선언합니다. 하느님의 신실하심을 굳게 믿고 정직, 진리, 진실, 공의, 양심을 지키자고 합니다.

영국의 처칠 수상은 성공이나 실패 혹은 불의한 세상 속에서도 첫 마음이나 비전의 포기 없는 용기와 꾸준함을 이렇게 말했습니다.

> 성공이 끝은 아니다. 실패도 완전히 마지막은 아니다. 중요한 것은 계속 이어갈 수 있는 용기이다.
> (Success is not final, failure is not fatal. it is the courage to continue that counts.)

세상의 성공, 출세 그 자체보다 중요한 것은 굴곡진 세상에서 꾸준하게 자신의 올바른 가치를 지켜내는 삶입니다. 세상에 요동치 말고 마음에 옳음義, 바름正, 곧음直, 따듯함溫 그리고 신앙을 지키며 사는 삶이 아름답습니다.

세상에 타락과 혼탁의 비가 내려 큰물이 밀려오고 또 바람이 들이쳐도 (마태 7:27),
비록 비리非理나 편법이나 불법이 난무해도,

세상이 온통 제 갈 길로 간다 해도 신앙인은 흔들림이 없어야 합니다.

주님 안에서 세상의 넓은 길 따라 살려는 마음,

살고 싶은 대로 살려는 유혹을 이겨내는 것 그게 신앙입니다.

기도, 영원한 인생을 위한 투자

성경 말씀

늘 기도하십시오

Pray without ceasing

(1 데살로니카1 Thessalonians 5:17, 공동번역; NRSV).

신앙인에게 기도 없는 삶은 상상할 수 없습니다.

기도의 소중함은 아무리 강조해도 모자람이 없습니다.

'기도'는 예수님의 가르침이자, 주님의 삶 그 자체였습니다.

러시아의 문호요 진실한 크리스천인

레프 톨스토이Leo Tolstoy; 1828-1910는

말년에 쓴 책 『살아갈 날들을 위한 공부Wise Thoughts for Every Day』에서

기도의 중요성에 대하여 말하고 있습니다.

톨스토이는 '인생 10훈'을 통하여, 인생에 참으로 소중한 의미 있는 10

가지 삶의 방식을 이야기합니다. 그는 마지막에 기도에 대하여 말합

니다. 그 열 가지를 소개하면 이러합니다.

1. 일하기 위해 시간을 내라. 그것은 성공의 대가이다.

2. 생각하기 위해 시간을 내라. 그것은 능력의 근원이다.

3. 운동하기 위해 시간을 내라. 그것은 끊임없이 젊음을 유지하는 비결이다.

4. 독서하기 위해 시간을 내라. 그것은 지혜의 원천이다.

5. 친절하기 위해 시간을 내라. 그것은 행복으로 가는 길이다.

6. 꿈을 꾸기 위해 시간을 내라. 그것은 대망을 품는 일이다.

7. 사랑하고 사랑받기 위해 시간을 내라. 그것은 구원받은 자의 특권이다.

8. 주위를 살펴보는 데 시간을 내라. 이기적으로 살기에는 하루가 너무 짧다.

9. 웃기 위해 시간을 내라. 그것은 영혼의 음악이다.

10. 기도하기 위해 시간을 내라. 그것은 인생의 영원한 투자다.

그는 기도하기 위하여 시간을 내는 일이야말로 인생의 영원한 투자라고 언급합니다.

깊은 기도는 우리의 일이나 생각이나 운동을 의미 있게 하고, 독서를 지혜로, 꿈을 현실로, 우리의 시간과 물질을 사랑의 에너지로 변화시킵니다.

기도에 대한 그의 이러한 이해는 늘 깊이 기도하는 가운데 주님의 말씀을 묵상하고 실천하며 살았던

그의 신앙과 인생 경험에서 우러나온 것입니다.

기도하기 위하여 시간을 내십시오,

기도는 영원한 인생, 행복한 삶을 위한 가장 확실한 영적 투자입니다

철든 신앙인

성경 말씀

어리석은 자를 슬기롭게 하고 철부지를 깨우쳐 뜻을 세우게
하려는 것이다
to teach shrewdness to the simple, knowledge and
prudence to the young(잠언Proverbs 1:4, 공동번역; NRSV).

만물이 소생甦生하고, 생명이 약동躍動하는 봄철입니다.
겨레의 말 '철'은 단순하면서도 깊은 뜻을 담고 있습니다.

겨레의 말 '철'은
본래 봄철, 여름철처럼 자연의 계절season을 나타내는 말이었지만,
의미가 넓어져 사물의 이치를 아는
곧 사리분별事理分別의 힘이나 능력을 의미합니다.
흔히 지혜와 같은 의미로 사용됩니다.
철들었다, 철없다, 철모른다, 철부지, 철모르쟁이 등이 그런 말입니다.
철부지不知는 철 곧 절기節氣를 모르는 사람을 의미하지요.

우리 겨레는 적어도 자연현상의 원리인 계절의 변화

곧 '철'을 제대로 아는 것을 성숙하고 어른다운 사람,
지혜로운 사람의 기준으로 본 듯합니다.
철을 알아야, 철이 나야 비로소 제 몫을 할 수 있는 진정한 인간으로
본 것입니다.

성경에도 '철부지'라는 말이 나옵니다.
농부의 '철'은 뿌리고 거두는 절기를 아는 것이고,
자녀의 '철'은 부모의 마음과 은혜를 아는 것입니다.
신앙인의 '철'은 우주와 우주의 주재主宰이신 하느님을 깊이 알고
하느님의 아들 그리스도를 아는 것입니다.

성경에서 말씀하는 철은
하늘은 높고 땅은 낮으며, 사람은 높낮이가 없으며,
세상 모든 것이 주님의 은혜 아님이 없음을 알고,
주님의 말씀과 사랑으로 서로 사랑하고 섬기며 겸손과 감사의 삶을 사
는 것입니다.

철몰라, 모든 것 지난 뒤에 후회하는 만시지탄晩時之歎의 삶이 아니라,
철들어, '오늘 여기'서 신실하게 주님의 말씀을 따라 사랑과 감사의 삶
을 나누는
영원히 복된 삶의 주인공으로 살고 싶습니다.

충고 받아들이기

다른 사람에게 하기는 쉬워도, 막상 내가 받기는 참 어려운 것이 있습
니다. 충고忠告가 그러합니다. 충고를 주거나 받는 일은 말처럼 그리 쉬
운 일이 아닙니다.

남의 잘못이나 허물을 충심으로 타이르는 것을 충고라 합니다.
우리의 눈에는 다른 사람의 허물이 잘 보입니다.
다른 사람이 나의 충고가 필요한 허점투성이요, '충고투성이'로 보일
때가 많습니다. 다른 사람이 나를 본다면 어쩌면 나 역시 그에게는 온
통 충고가 필요한 '충고투성이'로 보일지 모릅니다.

충고를 받아 본 적이 있는지요, 그때 내 마음은 어떠했는지요?

진심어린 충고에 고마움이나 깊은 깨달음을 얻는 경우도 있지만 때로 서운함, 부끄러움, 상한 자존심, 반발심 같은 감정을 느낄 때도 있습니다.

충고를 할 때에는 진심을 담고, 좋은 말, 부드러운 태도로 해야 합니다. 한 수 가르치려는 자세나 지적을 통하여 상대방을 나무라는 자세는 금물禁物입니다.

성경은 충고하는 사람이 되기보다는 충고를 잘 받아들이는 사람이 되라 말씀합니다.
나의 허물이나 허술함을 타일러 주는 말,
나의 부족함을 일깨워 주는 말, 나를 더 바르고 좋은 길로 이끌어 주는 말,
비록 당장 듣기에는 서운할지 몰라도 나를 살리는 인생의 양약이 되기 때문입니다.

양약고어구良藥苦於口, 충언역어이忠言逆於耳라는 말이 있습니다.
『공자가어孔子家語』에 나오는 말로 좋은 약은 입에 쓰지만 병을 고치는 데는 이롭고 충언은 귀에 거슬리나 행실에는 유익하다는 뜻입니다.
누구를 충고하기 이전에 다른 사람의 충고忠告를 받아들이는 삶의 자세가 필요합니다.
귀에 듣기 좋은 감언甘言 보다는 몸에 좋은 고언苦言을 담은 충고를 잘 받아들이는 것은 유익이 많습니다.
늘 배우는 마음으로 충고와 훈계를 받고 깊이 헤아려 자신을 돌아보는 것이 지혜의 첫 걸음입니다.

기꺼이 충고를 받아들이는 지혜로운 삶은 주님을 만나는 길이기도 합니다. 때로 하느님은 다른 사람을 통하여 내게 말씀하시기도 하기 때문입니다.

함께한다는 것

성경 말씀

… 내가 세상 끝날까지 항상 너희와 함께 있겠다

... I am with you always, to the end of the age

(마태오복음Matthew 28:29, 공동번역; NRSV).

어려서 먹어보았던 '투게더' 아이스크림을 보면 지금도 주저 없이 손이 갑니다. 아마도 시골 소년의 시골스런 미각味覺을 놀라게 한 처음 맛보는 그 부드럽고 달콤한 맛 때문이었을 것입니다. 그때는 뭔 말인지도 모르고 먹던 '투게더'의 뜻이 '함께together'라는 것도 중학교에 가서야 알았습니다.

'함께together, with'라는 말은 부담 없이 친숙하고 정다운 말입니다. 제 혼자로는 외려 잘 드러나지 않지만, 누군가를 꾸며줌으로 비로소 다른 꽃과 자신을 돋보이게 하는, 꽃으로 치면 '안개꽃Gypsophila elegans' 같은 낱말입니다.

내가 누군가와 '함께'한다는 것, 또는 누가 나와 '함께'한다는 것은 매우 특별하고 깊은 의미를 지니고 있습니다. 마더 데레사는 '함께'의 위대함을 이렇게 말합니다.

나는 당신이 할 수 없는 일을 할 수 있고, 당신은 내가 할 수 없는 일을 할 수
있다. 하지만 '함께'라면 우리는 멋진 일을 할 수 있다.

'함께'는 또한 인생을 결정하기도 합니다.
그 자리에 함께 있음으로 역사의 현장에 동참한 자랑스러운 역사의 증
인證人이 되기도 하고,
누구와 함께 있다가 공범이 되어 범인犯人이 되기도 합니다.

어렵고 힘들며 외로운 상황에서, 때로 앞이 안 보이는 극한 상황에서
진심으로 나의 하소를 들어 주고, 격려해 주고, 기뻐해 줄
누군가와 '함께'한다는 것은 행운이요 행복입니다.

'함께'한다는 건 받아줌입니다.
배려입니다.
기쁨입니다.
희망입니다.
'함께'한다는 것은 사랑입니다.
믿어줌입니다.
'함께'한다는 것은 천하보다 소중한 두 우주의 어깨이음입니다.

세상에서 '함께'한다는 것처럼 좋은 것이 없습니다.
'함께' 있다는 것만으로 외롭지 않습니다.

세상에서 나와 끝까지 '함께'하는 사람이 있다는 것은 위로이고 기쁨입니다.

예수께서는 세상 끝날까지 우리와 함께하신다고 말씀하십니다.
기쁨의 자리는 물론 답답함과 고통과 눈물의 자리에도 함께하신다는 말씀입니다.
이 세상은 물론 인생을 마칠 때 죽음 저 너머의 세상에서도 함께하신다는 말씀입니다.
주님 나와 '함께'하시니 걱정할 것 없습니다.
주님처럼 누구에게 '함께'가 되어주는 것
그것이 아름다운 삶이고 행복입니다.

보복을 넘어 용서와 사랑으로

성경 말씀

'눈은 눈으로, 이는 이로'라고 하신 말씀을 너희는 들었다.
그러나 나는 이렇게 말한다. 앙갚음하지 말아라
You have heard that it was said. 'An eye for an eye, and
a tooth for a tooth.' But now I tell you; do not take
revenge on someone who wrongs you
(마태오복음Matthew 5:38-39, 공동번역; NRSV).

보복報復, 보복운전, 화풀이, 앙갚음 등에 대한 말을 자주 듣습니다.
우리의 감정을 표현하는 매우 사납고 거친 말들입니다.
보복은 앙갚음, 대적 그리고 맞섬의 뜻을 지니고 있습니다.
살다 보면 무례하게 갑자기 끼어들어 안전을 위협하는 차량처럼 크고
작은 권리 침해나 안전 위협, 차별대우, 무시, 조롱 같은 피해를 경험
할 때가 적지 않습니다.
자신도 모르게 응징의 마음이 솟구칠 수 있습니다.

예수님의 가르침 가운데
구약성경의 말씀과 확연히 다른 것이 있습니다.

보복 금지에 대한 가르침입니다.

구약성경은 상대방에게 피해를 입으면

"목숨은 목숨으로, 눈에는 눈으로, 이는 이로, 손은 손으로,

발은 발로 갚아라" 하는 말씀이 있습니다(신명기 19:21).

곧 네가 받은 피해 유형과 피해의 분량만큼 갚는다는 의미를 지닌

동태복수법同態復讐法에 의하여 행동하라고 말씀합니다.

이는 대개 사람이 피해를 받을 때 감정적으로 격하여 몇 배나 더 크게

되갚으려는 분노의 속성을 억제하고 참으라는 뜻이요,

적어도 더 크고 심하게 되갚으려는 보복 확대의 악순환을 막기 위한

가르침입니다. 사람들은 대개 자신이 받은 피해보다 더 크게 보복하

려는 마음이 십상+常이니 사실 자신이 받은 만큼만 되갚는 동태복수

법을 지키는 일도 쉬운 일은 아닙니다.

그러나 예수께서는 동태복수의 마음을 훌쩍 뛰어넘으라고 하십니다.

"그러나 나는 이렇게 말한다, 앙갚음하지 말아라."

예수께서는 구약의 말씀을 더욱 심화시키시어 완성시키십니다.

이는 정말 지키기 쉽지 않은 말씀입니다.

성령께서 주시는 하늘의 힘이 아니면 실천하기 어려운 가르침입니다.

이 말씀은 진정한 기독교인이요 주님의 제자임을 나타내는 핵심적 가

르침입니다.

이 가르침은 사랑과 정의의 근원이신 하느님께서 분노에 찬 보복의 마

음을 없애주시고, 원수를 향한 용서와 축복의 마음을 내려주실 때 비

로소 실천할 수 있습니다.

바로 그 자리에서 우리는 거룩하시고 자비하신 하느님의 자녀가 됩니

다(마태 5:45).

치유는 삶의 한 과정

불치의 병이나 이름조차 모르는 질병들이 우리를 힘들게 합니다.

시대를 불문하고 병든 사람이 고침 받고 싶어 하는 것은 아픈 사람의 간절한 마음입니다.

마르코복음서를 보면 한센씨병 환자가 예수님을 찾아와 고쳐달라고 애원합니다. 예수께서 "깨끗하게 되어라Be made clean!" 말씀 한마디로 고쳐 주셨습니다.

주님 안에서 고침 혹은 치유healing의 기적이 일어난 것입니다.

고침 혹은 고치다의 어원은 '곧 +히+ 다' 즉 곧게直하다의 뜻입니다, '곧'이란 말 그대로 곧다直, 바르다正, 수리修하다의 의미입니다.

몸과 관련해서는 치료하다, 낫다, 회복하다의 의미로 사용됩니다.

치유를 병리적病理的 개념으로만 혹은 부정적으로 보는 분들이 적지 않습니다.

치유는 병원 신세를 져야만 하는 환자들에게만 해당되는 것은 아닙니다. 환자뿐 아니라 모든 사람은 치유를 필요로 합니다.

세상에 치유가 필요 없는 사람은 아무도 없습니다. 치유는 우리 몸에 난 상처나 질병으로부터의 치유만을 의미하지 않습니다.

우리의 몸뿐 아니라 우리 일상의 삶 모든 영역이 다 치유의 대상입니다. 치유가 필요하지 않은 삶의 영역은 없습니다.

자신의 몸은 물론 내면이나 인격의 부족함, 의지의 연약함, 감정의 불균형, 나쁜 습관 등등 삶의 모든 영역에서 치유가 일어나야 합니다.

치유는 더 이상 병리적 의미가 아니며 삶과 분리된 어떤 특이한 과정이 아닙니다.

치유는 인생 곧 성장과 성숙의 한 과정으로 보아야 합니다.

치유는 우리 모두에게 해당되는 소중한 삶의 한 과정입니다.

우리의 아픈 몸이나 마음의 상처는 물론 우리의 잘못된 행동들과 문제들 역시 주님께서 주시는 치유의 은총을 필요로 합니다.

치유란 성령 안에서 몸과 마음이 새로 빚어지는 거룩한 변화입니다.

　"그렇게 해 주겠다. 깨끗하게 되어라."

예수께서는 치유를 갈망하며 나온 모든 사람들을 고쳐 주셨습니다.

주님 안에서 치유를 위한 갈망이 있어야 합니다.

치유는 주님과 함께 온전한 인생, 행복한 삶을 향하여 나아가는 은혜의 여정입니다.

날마다 새로운 마음

성경 말씀

새 마음을 넣어주며 새 기운을 불어넣어 주리라. 너희 몸에서 돌처럼 굳은 마음을 도려내고 살처럼 부드러운 마음을 넣어주리라

I will give you a new heart and put a new spirit in you; I will remove from you your heart of stone and give you a heart of flesh

(에제키엘Ezekiel 36:26, 공동번역; NRSV).

우리를 흥분하게 하고 마음을 사로잡는 말이 있습니다.

새해, 새 책, 새 집, 새로움, 새 마음 등등 앞에 '새new'가 붙을 때 그렇습니다.

우리말 '새'는 여러 가지 의미가 있습니다.

하늘을 날아다니는 새鳥를 가리키기도 하지만,

시간적으로 처음 나온 것new, 新이라는 뜻도 있고,

공간적으로 틈을 의미하는 무엇과 무엇 사이change, between, 間라는 뜻이 있고,

샛바람에서 보듯이 동東쪽을 의미하기도 하는 등 매우 다양한 뜻을 담

고 있습니다.

그 가운데 처음 생겨난 것을 의미하는 새로움新, new을 지닌 뜻으로 제일 많이 사용 되고 있는 듯합니다. 대부분 새것을 좋아하지만, 새것 가운데 제일 매력적인 것은 아마도 '새 마음'이 아닐까 합니다.

오늘 성경은 하느님께서 새 마음, 새 기운을 주신다고 말씀합니다. 눈이 번쩍 뜨이며 기대와 흥분을 주는 말씀입니다.
마음은 늘 새로워져야 합니다.
옛 생각이 나가고 새 마음이 들어오는, 마음의 신진대사新陳代謝가 일어나야 합니다. 날마다 새로워지지 않으면, 논어의 글귀처럼 일신우일신日新又日新 하지 않으면, 마음은 우리를 편벽과 고루의 구덩이나 딱딱한 에고ego의 동굴에 안주하게 합니다.

새 마음 여부가 신앙인과 구도자求道者를 세상 사람들과 구별하게 합니다.
예수께서 새로움에 대하여 말씀하셨습니다.

　　물과 성령으로 새로 나지 않으면 아무도 하느님 나라에 들어갈 수 없다.

성경은 하느님은 사람의 중심을 보신다고 말씀합니다.
중심은 마음의 가장 내밀한 곳 곧 존재의 중심을 의미합니다.
말씀과 성령으로 우리의 중심 곧 우리의 마음이 새로워져야 합니다.
성령께서 주시는 새로움, 거룩함, 따뜻함, 명철이 우리의 마음을 이끌어가야 합니다.
새 마음을 받아야 합니다.

모든 '영적 변화'와 '내적 성결聖潔'
그리고 '거듭난 인생'은 바로 '새 마음'에서 시작하기 때문입니다.

'쓸모'를 키우는 사람

큰 집에는 금그릇과 은그릇뿐만 아니라 나무그릇과 질그릇
도 있어서 어떤 것은 귀하게 쓰이고 또 어떤 것은 천하게 쓰
입니다. 그러므로 모든 악을 버리고 자기 자신을 깨끗하게
하는 사람은 누구든지 귀하게 쓰이는 그릇이 될 것입니다.
그런 사람은 주인에게 쓸모 있는 그릇으로 바쳐져서 모든 좋
은 일에 쓰입니다

In a large house there are utensils not only of gold and
silver but also of wood and clay, some for special use,
some for ordinary. All who cleanse themselves of the
things I have mentioned will become special utensils,
dedicated and useful to the owner of the house, ready
for every good work

(2 디모테오2 Timothy 2:20-22, 공동번역; NRSV).

그릇, 자주 사용하는 토박이 우리말입니다.

사투리로 그륵, 그럭이라고도 하지요.

대개 물건이나 음식을 담거나 쌓아 놓는 도구를 통틀어 그릇dish이라
합니다.

다른 의미로는 일을 해 나갈만한 도량이나 능력을 뜻하기도 합니다.
물건을 담는 그릇이든 어떤 일을 능히 해 나갈 생각과 마음을 담는 그릇이든 그릇은 우리의 삶과 세상에서 매우 필요한 존재입니다.

그릇과 관련하여 대기만성大器晚成이라는 말이 있습니다.
큰 그릇을 만드는 데는 시간이 오래 걸린다는 뜻으로,
크게 될 사람은 늦게 이루어짐을 이르는 『도덕경』에 나오는 말입니다.
물론 여기서 대大가 꼭 외형적 의미의 크기size만을 의미하지는 않습니다.
큰 그릇이란 내용 곧 무엇을 담을 '쓸모usefulness'를 뜻하기도 합니다.
쓸모는 '가치'를 지닌 사람을 뜻합니다.
아인슈타인은 '성공한 사람이 되려 하기보다는 가치 있는 사람이 되려고 노력하라' 말했습니다. 가치의 소중함을 말하고 있습니다.

그릇의 생명은 '쓸모'에 있습니다.
쓸모가 있어야 시의적절하게, 알맞게, 요긴하게 그리고 귀하게 '쓰임'을 받습니다.
오늘 성경 말씀은 귀하게 쓰임 받는 쓸모 있는 그릇이 되려면 깨끗해야 한다고 말씀합니다.
쓸모가 있어도 깨끗하지 못하면 식탁에 올라갈 수 없습니다.
지식과 재능이 있는 사람이라도 생활에 흠결이 많으면 공직에 등용되지 못합니다.
쓸모와 깨끗함은 서로 분리할 수 없습니다.
이 둘이 함께해야 쓰임을 받습니다.
아직 나의 때가 오지 않았을지라도, 세상이 나를 알아보지 못한다고 실망하거나 불평하거나 원망하지 말아야 합니다.

주님 안에서 끊임없이 자신의 마음과 일상의 삶을 정결하게 유지하는 가운데 성품과 도량broad-mindedness, 실력과 비전을 다듬어 '쓸모'를 키워야 합니다.

주님께서 주님의 때에 반드시 아름다운 세상을 위하여 쓸모 있는 그릇으로 사용하실 것입니다.

선택은 버릴 것을 버리는 것

선택選擇, Choice이란 그중에 갖고 싶은 걸 고르는 게 아니라,
어떤 걸 버려야할지 버릴 것을 걱정하는 것이라는 말이 있습니다.
이것을 취할 것인가 저것을 버릴 것인가 선택의 어려움을 의미하는 말
입니다.

우리는 늘 선택 속에 살아갑니다. 인생은 선택의 연속입니다.

프랑스의 철학자 장 폴 사르트르는 인생의 본질을 선택으로 보았습니

다. 그는 "인생은 탄생B과 죽음D 사이의 선택C이다."
"Life is CChoice between BBirth and DDeath"라고 했습니다.
우리가 내린 좋은 선택은 성공과 축복의 기회Chance가 되기도 하고
어떤 선택은 위기Crisis와 불행으로 이어지기도 합니다.
그러므로 모든 선택에 신중해야 합니다.

무엇을 고르는 선택은 또한 동시에 다른 무엇을 내려놓거나, 다른 것
의 '포기'이기도 합니다. 그러므로 나에게 맞지 않는 것이나 나에게 바
람직하지 않은 것을 포기하려는 용기와 결단 없이는 좋은 선택이 나올
수 없습니다. 선택은 용기와 결단입니다.

이스라엘 백성을 이끌고 젖과 꿀이 흐르는 약속의 땅에 도착한 여호수
아는 이스라엘 백성 앞에서 야훼 하느님을 섬길 것인지
가나안 땅의 다른 신들을 믿을 것인지 오늘 '선택'하라고 제안합니다.
그는 가나안의 다른 신을 버리고 자신과 자기 집안은 하느님을 선택하
겠다고 단호하게 선언합니다.
선택은 자신에게 최고의 것을 취하는 것이며 동시에 그 외의 것은 과
감히 버리는 것입니다.
그러니 모든 선택 과정에는 신중한 판단과 결연한 용기 그리고 기도가
필요합니다.
단호하게 버릴 것을 버리고 최선의 것을 고르는 오늘의 올바른 선택은
동시에 자신의 인생과 미래를 향한 결정이기도 합니다. 옛 것을 버리
고 거짓을 멀리하며 늘 진리 편에 서는, 언제나 주님 편에 서서 세상을
사는 '올바른 선택의 주인공'으로 살아가기를 기도합니다.

걱정 제로zero의 삶

사서 걱정한다는 말이 있습니다.

많은 사람들이 일하며 걱정하고 걱정하며 일합니다.

일은 사람이 태어나기 전부터 있었고, 우리가 사라져도 일은 세상에 있을 것입니다.

일이 끝이 없으니 걱정도 떠나질 않습니다. 아직 해결되지 않은 일에 대하여 염려하는 것이 근심anxiety이요, 일 자체에 대한 염려가 걱정 worry입니다.

얼마 전 교우님들과 함께한 피정 모임에서 "1년 전 잠도 제대로 못 자고 걱정하고 근심했던 일들을 적어 보세요" 했더니 많은 분들이 잘 기억이 나지 않는다고 합니다. 우리는 1년 뒤에는 다 잊어버리고 기억조차 하기 어려운 일들을 가지고 1년 전에 그렇게 걱정하며 어두운 표정으로 혹은 마른 입술을 태우며 시간을 보낸 것입니다.

성경은 걱정하지 말고 근심과 걱정을 하느님께 맡기라고 말씀합니다.

왜 그럴까요?

걱정은 우리의 마음과 몸을 병들게 하고, 뼈를 마르게 하고, 위축시키기 때문입니다.

"걱정을 하여 걱정을 없앤다면 걱정이 없겠네"라는 말도 있습니다. 걱정의 무익함에 대한 말입니다. 주님께서는 사람이 아무리 염려하고 걱정한다고 해도 머리카락 하나도 희게도 검게도 못한다고 말씀하십니다. 아무리 걱정한다고 해도 걱정으로는 아무것도 이룰 수 없습니다.

그럼에도 어떻게 걱정을 내려놓을지, 막상 걱정을 내려놓으려 해도 "어렵다, 잘 안 된다"라는 분이 있습니다.

걱정을 내려놓기는 말처럼 쉽지 않습니다.

걱정에서 벗어나는 길은 내 기준, 내 방식, 내 욕심을 내려놓고

주님의 사랑과 돌보심을 믿는 가운데 일의 성사成事나 성패成敗를

'하느님의 뜻'에 맡길 때 비로소 가능합니다.

빛이 오면 어둠이 사라지듯,

주님에 대한 전적인 신뢰, 곧 순전한 믿음에 거하면 걱정이 사라집니다.

세상 사람이 말하듯 걱정은 팔자가 아닙니다.

걱정은 무익하며 실체가 없습니다.

걱정은 전적인 맡김 곧 믿음의 부족입니다.

오늘도 우리의 모든 일을 주님에게 맡기고;

걱정 zero! 믿음 100! 외치며 밝고 당당하게 희망찬 하루를 열어가기를 기도합니다.

행복 누림과 행복 파장波長

자신에게는 엄격하게 그러나 다른 사람에게는 관대하게

좋은 삶의 기준으로 많이 듣는 말입니다.

이런 삶은 선하고 아름답습니다. 날마다 그렇게 살고 싶습니다.

그런데 자기 자신에게 '엄격'을 넘어 '각박刻薄'한 사람들이 적지 않습니다.

'메시아 콤플렉스'를 연상할 정도로 과도하게 이타적利他的 삶을 추구하며
사는 모습을 볼 수 있습니다.

자신을 위하여 좋은 음식을 먹거나 새 옷을 사 입거나 여행을 하거나,
취미활동 하는 것을 힘들어하며 이런 일에 인색해합니다.

심지어 죄의식을 갖기조차 하는 사람도 있습니다.

그러나 참으로 다른 사람에게 관대하고 친절하려면 자신에게 다정해

야 합니다.

자신을 깊이 들여다보고, 마음속의 소리를 들으며
나를 격려하고 인정하고 환영해 주는 시간이 필요합니다.
나 스스로를 위한 격려와 헌신이 있어야 합니다.
나 자신의 삶에서 즐거움을 느끼고, 행복을 맛보고 누려야 합니다.
성경은 제 손으로 수고해서 얻은 것을 즐기는 것은 좋은 일이며,
사람마다 '누려야 할 몫'이라고 말씀합니다.

자신의 건강과 시간, 자신의 축복, 자신의 수고한 보람과 행복을 누리
십시오. 행복 누림happy enjoy, 그것은 분수에 넘는 사치奢侈나 사미奢靡가 아
닙니다.
행복은 나는 물론 세상 모든 사람들과 모든 존재가 누려야 할 하늘의
선물입니다.
내 안의 행복을 맛보고 누려야 합니다.
행복 누림이 있어야 합니다.
내 안의 행복은 다른 이를 더욱 풍성하게 하고, 더욱 따뜻하게 하며,
더욱 오래 섬길 수 있는 사랑과 행복의 에너지가 나오는 바로 그 자리
입니다.
내 안의 행복은 나를 살리는 자리이며,
나를 살림으로 이웃과 세상을 더 행복하게 만들어 가는
'행복 파장happy wave'을 일으키는 자리입니다.
마음 깊이 하늘에서 오는 행복을 누리는 사람만이 행복 파장을 온 세
상에 널리 퍼지게 합니다.

항상 기뻐하며 사는 삶

간혹 살아가는 일이나 사업하는 것이 별로 재미가 없다는 분들을 만납
니다. 아무래도 나라의 경기가 별로 안 좋을 때나 개인적으로 답답한
처지에 있을 때 이런 말을 많이 듣게 됩니다.
그러나 성경은 '기쁘게' 살라고 말씀합니다.
"항상 기뻐하십시오Rejoice always"(1데살 5:16).
늘 이렇게 절로 절로 기쁨 속에 살아가는 것은 쉽지 않습니다.
그러므로 의도적으로 기쁨! 즐거움! joy! delight! pleasure!
마음속으로 이런 말들을 외치며 하루를 보내야 합니다.

복잡한 문제나 어려운 일들을 다 해결해 놓고 기뻐해도 되겠지만,
일을 하거나 문제 해결 과정 중中에 기뻐하면 어떨지요.
하루를 다 보내고 기뻐해도 되겠지만, 하루 중中 그때그때 기뻐해도 될

듯합니다.

병이 다 나으면 기뻐해도 되겠지만,

병을 치료하는 가운데 날마다 기뻐하는 것은 어떤지요?

축구 선수를 보면 한 골 넣을 때마다 특별한 골 세리머니를 하면서 환호하고 기뻐합니다.

경기가 끝난 후로 그 한 골의 기쁨을 미루지 않습니다.

기쁨을 어디 멀리서 찾을 필요는 없습니다.

마음을 열고 들여다본다면 꼭 돈 되고, 잘 되고, 생각대로 되는 것만이 기쁨일 수 없습니다.

기쁨은 그렇게 작고 좁은 것이 아닙니다.

기쁨 역시 없는 곳이 없습니다.

우리는 아직 기쁨의 한 자락도 제대로 충분히 알고 있지 않습니다.

하늘도, 새싹도, 봄꽃도, 아지랑이도, 침묵도, 아기의 얼굴도,

새 소리도 기쁨을 담고 있습니다.

그러기에 깨달음이 깊은 큰 수행자修行者들은 아픔이나, 속상함이나, 문제 속에서도 기쁨을 발견하고 이들을 기쁨으로 맞이합니다.

하느님의 말씀이야말로 열렬히 맞이해야 할 높고 깊고 크고 넓은 기쁨입니다. 하느님의 말씀은 우리 모두가 영원히 덩실덩실 기뻐해야 할 영원한 기쁨 덩어리입니다.

또 하나의 매우 특별한 기쁨의 대상을 든다면 하느님의 작품인 나 자신입니다.

오늘 행여 '셀프 디스self dis' 하지 마시고,

자신을 보고 기뻐하며 감사하는 '셀프 조이self joy'의 하루가 되기를 기
도합니다.

선택보다 중요한 일은

우리는 늘 선택choice하며 살아갑니다.

옷을 살 때에도, 음식점에서도, 직장을 구하거나, 회사에서 사람을 구할 때에도 끊임없이 선택을 합니다.

선택은 생각보다 쉽지 않습니다.

과거의 선택이 꼬인 경험이 있거나 대학입시처럼 선택의 여지가 좁은데서 다른 사람과 함께 경쟁적인 선택할 경우에는 더욱 복잡해집니다.

한 수手 한 수에 경기의 승패가 걸린 바둑Baduk, Go이나 장기Chess에서는 물론 인생에서도 잘못된 선택 때문에 두고두고 후회하는 사람을 볼 수 있습니다.

그러나 과거의 잘못된 선택이 아직도 발목을 잡고 있다면 이 또한 바람직하지 않습니다.

선택하면 떠오르는 넉넉하고 우직한 사람이 있습니다.

믿음의 사람 아브라함입니다.

그는 조카 롯에게 먼저 드넓은 거주지를 고르는 '선택권'을 줍니다.

선택의 순서를 먼저 내주는 일은 흔히 볼 수 없는 참으로 대단한 양보입니다.

아브라함은 어떻게 이런 대인大人의 삶을 살 수 있었을까?

그는 선택choice의 대상 그 자체보다 더 중요한 것을 보았기 때문입니다.

그는 하느님께서 '자신의 선택을 탁월하게 만들어 갈 수 있는 분'임을 믿었기 때문입니다.

우리는 모든 크고 작은 선택 앞에서 신중하고 지혜로운 선택을 해야 합니다. '탁월한 선택, 올바른 선택'을 위하여 노력해야 하지만, 그보다 더 중요한 것은 자신이 택한 선택을 '탁월하고 의미 있는 선택으로 만들어 가는' 일입니다. 아브라함은 하느님 안에서 자신의 선택을 늘 탁월한 선택으로 만들어 갔습니다.

오늘은 어제까지 살아오며 자신이 선택한 수많은 선택의 결과입니다.

인생 여정이나 지나온 과거를 이미 정해진 팔자소관八字所關으로 돌리며 과거에 내린 선택의 굴레에 머무는 사람들이 있습니다.

선택은 변경 불가하지 않습니다.

성경의 인물들은 회개와 기도를 통하여 잘못된 선택을 탁월한 선택으로 바꾸었습니다.

주님 안에서 선택은 새롭고 탁월하게 만들어 갈 수 있습니다.

선택이 나를 탁월하게 한다기보다,

내가 자신의 선택을 탁월하게 만들어 가야합니다.

과거의 잘못된 선택을 다른 사람이나 운명의 탓으로 돌리지 않고,
다시 일어나 주님 안에서 오늘과 내일의 탁월한 선택으로 만들어 가는
것, 그것이 기도요 신앙입니다.

내 안의 기쁨

성경 말씀

이 마음에 심어주신 당신의 기쁨, 곡식이다, 포도주다, 풍년
에 흥겨운 저들의 기쁨보다 크옵니다

You have put gladness in my heart more than when
their grain and wine abound

(시편Psalm 4:7, 공동번역; NRSV).

기쁨joy!

우리가 느끼는 감정 가운데

아마 가장 밝고, 가볍고, 힘차고 행복한 감정일 것입니다.

누구나 기쁨을 좋아하며 기쁨을 찾습니다.

누구는 맛있는 음식이나 화려한 옷에서,

누구는 재산이나 사회적 성취에서,

누구는 음악이나 독서나 예술 작품에서,

누구는 자연의 꽃이나 새들이나

스포츠에서 기쁨을 찾습니다.

이러한 기쁨도 나름 큰 기쁨이지만
이런 기쁨은 변하기 쉽고, 떠나기 쉽고,
언젠가는 내려놓아야 할 기쁨입니다.
하여 오늘의 기쁨이 오히려 내일의 큰 고통과 슬픔의 원인이 되기도
합니다.

그러나 영원히 변하지 않고 떠나지 않는 기쁨이 있습니다.
성경은 하느님께서 우리 마음에 이러한 기쁨을 심어주셨다고 말씀합
니다.
고요, 평안, 충만, 환희, 황홀, 무념無念, 무상無想, 무애無礙,
자유, 영원, 진리, 사랑, 일치 등등.
내 마음 안에 심어주신 하늘의 기쁨입니다.

영원한 행복과 기쁨을 깨우쳐 주는
현인들이 전해준 고마운 책들의 공통점은
진정한 기쁨과 행복의 파랑새는 바로 내 안에 있다는 사실입니다.
하느님께서 심어주신 하늘 기쁨의 자리는 내 안입니다.
하느님께서 내 안에 심어주신 기쁨은
변하거나 줄거나 떠남이 없으며 영원합니다.
오늘도 내 안에 가득 심어주신 하늘의 기쁨을 모든 이들과 나누며 살
고 싶습니다.

치유, 어른이 되어가는 과정

성경 말씀

슬피 울던 입술에서 이런 찬미가 터져 나오게 하리라. 태평
천하일세, 태평천하일세. 멀리도 가까이도 태평천하일세.
야훼께서 약속해 주셨다. 내가 너를 고쳐 주마
Peace, peace, to the far and the near, says the Lord;
and I will heal them
(이사야Isaiah 57:19, 공동번역; NRSV).

치유healing, 요즘 매우 주목받는 말입니다.

병이나 상처를 잘 다스려 올바르게 되고 낫게 된 상태를 치유라고 합
니다.

치유의 대상을 몸body으로만 보기도 하지만,

사실은 몸뿐 아니라 마음도, 생각도, 습관도, 성격도 치유의 대상입니다.

더러 치유를 몸이나 성격에 문제가 있는 사람이나 병이 있는 사람에게만

필요하다고 보는 병리적 관점이 있습니다. 아니오, 그렇지 않습니다.

건강이 모두에게 필요하듯, 치유 역시 모든 사람에게 있어야 합니다.

세상에 치유가 필요하지 않은 사람은 없습니다.

스스로 자신의 성격 유형을 분석하고 내면의 성장을 추구하는 에니어그램Enneagram의 관점에서 보면 치유는 창피하거나 부정적인 개념이 아닙니다. 치유는 온전한 인격, 행복한 삶으로 나아가는 자기 성숙과 통합의 과정입니다.

사실 어른은 저절로 되지 않습니다.

옛 어른들은 시집 장가가면 어른이 된다고 했는데,

꼭 그렇다고 말하기는 어렵습니다. 결혼이 저절로 사람을 어른으로 만들지 않습니다. 어른이 되려면 치유 과정을 겪어야 합니다. 치유는 어른이 되어 가는 과정입니다. 꾸준한 내면의 치유를 통하여 자신의 부족함을 채우고, 다른 사람의 부족함을 넉넉히 이해하고 기다려 주고 수용하는 사람이 어른입니다.

이사야서를 보면 하느님께서 외국에 포로로 잡혀가 여기저기 얻어맞고 용기를 잃고 위축된 채 살아가는 이스라엘 백성들에게 그들을 고쳐 주시겠다고 말씀하십니다. 병든 몸의 치유, 마음의 치유 그리고 역사적 치유를 해 주시겠다는 말씀입니다. 민족적 치유의 선언입니다.

날마다 우리 몸에, 우리 마음에, 우리의 잘못된 행동과 습관에 치유가 일어나야 합니다. 심각하게 왜곡되고 갈라지고 분열로 치닫는 우리의 세상도 치유가 필요합니다.

하느님으로부터 오는 치유가 있어야 합니다.

하느님으로부터 나오는 치료의 손길에는 불치不治나 불능不能이 없습니다. 못하심이 없는 주님의 치유의 손길이 우리를 어루만져 주시어 치유가 일어나고,

우리의 입에서는 감사와 기쁨의 찬미가 터져 나왔으면 합니다.
때로 아프고 힘들지만 치유는 어른이 되어가는 과정이며,
함께 아름다운 세상으로 나아가는 길입니다.

선행은 사람다움의 모습

성경 말씀

우리 교우들도 선행에 전념해서 남에게 절실히 필요한 것들
을 채워줄 줄 아는 사람이 되어야 합니다

Let people learn to devote themselves to good works
in order to meet urgent needs

(디도Titus 3:14, 공동번역; NRSV).

한 해 가운데 선행善行을 위한 절기가 따로 있는 것은 아니지만
대개 12월 전후 연말연시와 성탄절聖誕節을 앞두고는
종교의 유무를 떠나 나름 무언가 선하고 의미 있는 일에 관심을 두게
됩니다.
아마도 해 저물기 전 그간 세상살이에 바빠 잊고 살았던 어려운 이웃
과 함께 따스함을 나누려는 마음속 고운 천성天性이 머리를 들기 때문
이 아닌가 합니다.

성경은 선행에 마음을 다하고 힘을 쓰라 말씀합니다.
사실 선행은 시간이나 물질이 차고 넘치어 남아돌아가는 사람들에게
해당되는 잉여剩餘의 행동이 아닙니다. 선행은 사람다움에서 나오는

본래적 속성입니다. 선행이란 착하고, 좋고, 어질고, 훌륭하고, 올바른 행동을 의미합니다. 사랑의 하느님으로부터 나오는 사랑이 우리의 마음을 통하여 나오는 행위가 선행입니다.

불교에서 가르치는 자비심이나, 유교가 가르침인 인의예지仁義禮智의 마음에서 나오는 행동이 선행일 것입니다. 모든 사람이 일상 속에서 흔들림 없이 지켜내고 살아가야 할 행동이 선행입니다.

선행을 할 때 유의해야 할 점이 있습니다.

가식이나 떠벌림이 있다면 그것은 선행이 아닙니다.

꽃이 고요한 가운데 소리 없이 피어 세상을 아름답게 하듯이, 선행은 소리가 없어야 합니다. 예수께서는 선행을 할 때에 오른손이 하는 일을 왼손도 모르게 하라고 하셨습니다.

이는 선행의 대상자에 대한 배려와 나아가 나와 선행의 대상자를 동일시하는 데서 나오는 묵묵한 선행, 드러냄 없는 선행을 해야 한다는 가르침입니다.

선행을 할 때 마음에 담아야 할 또 다른 점은 선행은 당사자에게 필요한 것을 채워주는 것이라는 사실입니다. 무더운 열대지방의 사람들에게 두꺼운 겨울 외투를 갖다 주는 것은 선행이 아니라 짐 하나 더 얹어주는 것입니다. 선행은 절실한 필요를 채워주는 것입니다.

성경은 다른 사람의 절실한 필요를 채워줄 줄 아는 사람이 되라고 말씀합니다. 다른 사람이 어디가 아픈지, 무엇이 필요한지 마음을 통하여 아는 것이 선행의 시작입니다.

그리고 그 필요한 것을 소리 없이 채워줌으로 기꺼이 이웃이 되어주고, 정겨움과 따스함을 함께 나누는 것이 선행이며 사람다움의 실천입니다.

우리가 들어야 할 소리

청력聽力이 약한 분들을 위한 보청기 광고를 보면
안 들려 답답하던 모델이 보청기를 끼자마자 환한 얼굴이 되는 모습
을 보게 됩니다. 잘 듣는다는 것이 얼마나 큰 기쁨을 주는지 알 수
있습니다.

오늘 말씀을 보면 마을 사람들이 청각장애와 언어장애가 있는 사람을
고쳐달라고 예수께 데리고 왔습니다. 예수께서 하늘을 우러러 한숨을
내쉰 다음 '에파타'하고 말씀하셨습니다.
이는 우리말로 '열려라Be opened!'는 뜻입니다.

그러자 귀가 열리고 혀가 풀려 말을 제대로 할 수 있게 되었습니다. '에파타!' 곧 들음과 말함의 기적이 일어난 것입니다.

우리의 삶에서 '들음' 곧 무엇을 들으며 사느냐,
'말함' 곧 어떤 말을 하며 사느냐는 매우 중요합니다.
어쩌면 듣고 말하는 것이 우리의 인생입니다.
듣는다는 것은 소리voice와 의미meaning를 함께 이해하는 것입니다.
그렇지 않다면 예수께서 안타까워하신 것처럼 들어도 듣지 못하기 때문입니다(마태 13:13).

오늘날 들어야 할 음성을 제대로 듣는 영적 '에파타' 곧 귀 열림의 기적이 필요합니다.
가족과 이웃이 건네는 마음의 소리를 들어야 합니다.
세상의 맑고 고운 소리를 들어야 합니다.
꽃이 피는 소리, 꽃 지는 소리도 들어야 합니다.
인생의 무거운 짐을 지고 고생하는 형제자매의 소리 없는 울음소리,
굶주림과 억압과 차별에서 나오는 지구 저편의 고통의 소리도 들어야 합니다.
환경오염으로 고통당하는 산과 바다에 사는 피조물의 신음소리도 들어야 합니다.
시대의 소리, 역사의 소리도 놓치지 말고 들어야 합니다.

더 나아가 정말 들어야 할 소리는 진리의 음성 곧 하늘의 소리인 주님의 말씀입니다.

"에파타!"

하늘의 소리를 들을 수 있도록 귀가 열리고,

진리의 복음을 전하도록 입이 열려야 합니다.

"에파타!"

날마다 우리 안에서 그리고 세상 모든 이들 안에서 일어나야 할 기적입
니다.

허물과 과오 그리고 용서

성경 말씀

그 때에 베드로가 예수께 와서 "주님, 제 형제가 저에게 잘못을 저지르면 몇 번이나 용서해 주어야 합니까? 일곱 번이면 되겠습니까?" 하고 묻자 예수께서는 이렇게 대답하셨다. "일곱 번뿐 아니라 일곱 번씩 일흔 번이라도 용서하여라"

Then Peter came and said to him, "Lord, if another member of the church sins against me, how often should I forgive? As many as seven times?" Jesus said to him, "Not seven times, but, I tell you, seventy-seven times"

(마태오복음Matthew 18:21-22, 공동번역; NRSV).

수시로 정치인 종교인 등 사회적 공인公人들의 허물을 듣고 보게 됩니다. 특별히 기대하고 믿었던 사람들의 허물과 과오는 엄청난 실망과 충격을 가져옵니다.

자신이나 다른 사람의 허물을 어떻게 바라보아야 할 것인가? 『채근담菜根譚』은 다른 사람의 허물을 볼 때 꾸짖지 말고不責人小過, 나쁜 일들을 들추어내지 말고不發人陰私,

지난 과오를 마음에 담아 두지 말라고不念人舊惡 합니다.

성경 잠언箴言은 다른 사람의 허물을 드러내면 의가 상하지만, 남의 허물을 감싸주면 사랑이 돌아온다고 말씀합니다.

공자께서는 허물이 있어도 고치지 않는 것過而不改 그것이 바로 가장 큰 허물이라是謂過矣 규정하였습니다. 또한 허물이 있으면 반드시 반성하고, 사과하여 고치기를 주저하지 말라는過則勿憚改 말씀도 하였습니다.

세상에 허물없는 완전한 사람이 있을까?

우리는 모두 부족함 속에서 살아갑니다.

그것이 세상살이입니다. 그렇다고 자신이나 다른 사람의 과오를 합리화할 수는 없습니다. 허물에 대한 성현들의 가르침을 요약하면 먼저 자신의 허물을 보라고 합니다. 예수께서도 다른 이의 허물을 보면 내게 허물의 '들보'(마태 7:3)가 있는지 보라 하셨습니다.

다음으로 다른 이의 허물을 드러내지 말고 관대할 것을 말합니다. 그렇다고 무조건 다른 사람의 허물을 덮어주라는 말은 아닙니다. 허물로 인하여 내가 고통당하고 있음을 분명히 알려주고 중지를 요청해야합니다. 사회적 허물이라면 힘들지만 드러내어 법적 제도적 개선책을 찾아야 합니다.

끝으로 나의 허물은 주저 없이 고쳐야 합니다.

자신의 허물을 고쳐 가는 것 그것이 용기이고 배움의 길이며 참사람의 길이기 때문입니다.

예수께서는 허물이나 과오에 대한 근원적 해결의 방법으로 '용서'를 말씀하셨습니다.

일곱 번씩 일흔 번이라도 용서하라는 말씀(마태 18:22)은 사람의 허물과 죄를 미워하되, 사랑의 힘으로 그 사람을 끌어안아 형제자매의 관계를 회복하라는 말씀입니다. 절대적 사랑을 담은 '용서의 포옹'을 의미합니다.

성령의 도우심에서 나오는 용서는 허물과 과오의 상처를 근원적으로 사라지게 하는 신비한 소멸燒滅의 자리요, 다시 새로운 관계가 열리는 거룩한 생성生成의 자리입니다.

허물과 과오 속에서 길 잃지 말아야 합니다. 철저한 통회에서 나오는 진정한 사과와 사랑의 용서만이 허물과 상처 속에서 참 사람의 길을 가게 합니다.

미움의 일상화를 경계하며

성경 말씀

그러나 이제 내 말을 듣는 사람들아, 잘 들어라. 너희는 원수
를 사랑하여라. 너희를 미워하는 사람들에게 잘해 주고 너희
를 저주하는 사람들을 축복해 주어라. 그리고 너희를 학대하
는 사람들을 위하여 기도해 주어라
But I say to you that listen, Love your enemies, do
good to those who hate you, bless those who curse
you, pray for those who abuse you
(루가복음Luke 6:27-28, 공동번역; NRSV).

요즘 주고받는 말을 들어보면 미운 감정이 들어간 언어가 적지 않습니다.
증오憎惡, 경멸, 혐오, 극혐極嫌, 포비아phobia, 차별, 증오범죄, 증오단체
hate group, 증오사이트hate site 등이 그러합니다. 정도의 차이는 있을지라
도 이러한 말들의 근저에는 모두 미운 감정 곧 미움이 깔려 있습니다.

미움은 예부터 인간의 감정을 대표하는 칠정七情 가운데 하나로 매우
중요한 감정입니다. 살다 보면 불현듯 미운 감정이 일어납니다. 미움
을 사적인 감정으로 여겨 대수롭지 않게 생각하는 경우를 봅니다. 미
움은 결코 가벼운 사적 감정이 아닙니다. 미운 감정이 마음을 벗어나

다툼이나 사건으로 번지거나 사람을 상하게 하는 최악의 상황으로 치닫기도 합니다.

그러므로 난데없이 나오는 미움의 감정을 주목해야 합니다.

미움이나 증오 혹은 혐오가 일상생활 속에서 나의 행동을 주장하는 미움의 일상화日常化를 경계해야 합니다. 미움의 감정이 늘 내 마음을 지배하지 않도록 해야 합니다. 미움을 지닌 채 사람을 대하거나, 어떤 결정을 내리지 말아야 합니다. 미움이 공적 영역에서 작동하지 않도록 해야 합니다.

미움과 증오의 일상화에 빠지지 않도록 부단히 마음을 살펴야 합니다. 그대로 두면 미움은 더 큰 미움으로, 증오는 더 골 깊은 증오를 가져올 뿐입니다. 미움과 증오를 다스려야 합니다. 미움이나 증오 표현의 언어나 행동을 없애는 길은 마음에 있습니다. 마음에서 미움과 증오가 사라질 때 증오의 표현이나 미움의 일상화는 사라집니다.

예수께서는 미움과 증오의 일상화를 사라지게 하는 가장 근원적인 길을 말씀하십니다.

'미워하는 사람을 더 잘해 주고, 축복해 주고, 기도해 주라'는 말씀입니다. 이는 하늘 곧 하느님의 도움을 받아 미움과 증오의 일상화에 빠지지 말며, 사랑의 힘으로 불현듯 일어나는 '미움'을 부둥켜안고 살라는 말씀입니다.

절대적 사랑의 실천만이 미움과 증오의 감정을 가라앉혀 시비, 분별, 요동 없는 하늘 마음 곧 그리스도의 마음을 지니게 합니다. 그때 비로소 미움을 담은 증오의 말들이나 증오의 표현은 이 마음에도 저 마음

에도 오간데 없이 사라지고 세상은 온통 천사의 말과 사랑의 방언으로
가득할 것입니다.

너는 먼지니 먼지로 돌아가리라

가던 길 잃고 헤매고 헤매다

다시 처음의 자리로 왔을 때,

잘 되던 일이 얽히고설키어 다 정리하고 나니

처음 자리로 돌아올 때,

공들여 애지중지 노심초사 이루어냈던 일들이 물거품처럼 다 사라졌
을 때,

어느 날 문득 인생이 공수래공수거空手來空手去처럼 보일 때가 있습니다.

우리는 이를 원점原點, zero base, 초심初心, 출발점, 근본根本, 백지상태라
합니다.

해마다 사순절四旬節, Lent이 시작되는 첫날을

'재의 수요일Ash wednesday'이라 합니다.

이마에 재를 바르는 재축복식이 있기 때문입니다.

이날 이마에 재를 바르며 사제司祭, priest로부터 이 말을 듣습니다.

인생아 기억하라 너는 흙이니 흙으로 돌아가리라.
Remember that you are dust, and to dust you shall return.

이날은 우리의 몸이 온 본래의 자리가 흙이요 먼지임을 기억하는 날입니다.
겸손히 내 본래의 자리에 서서 보면
우리는 흙이요 먼지나 티끌 같은 존재로 모두 같습니다.
높고 낮거나, 크고 작음이 없습니다.
귀하고 천하거나, 곱고 미움이 없습니다.
용서 못 할 사람도,
함께한 하늘을 이고 살지 못할 만큼 불구대천不俱戴天의 원수도 없습니다.

재灰, ash의 수요일은
마음을 차분히 하여, 겸손과 공손과 감사의 마음으로
우리가 살아온 내 본래의 자리에 가만히 서 보는 날입니다.
같은 흙에서 온 자신과 이웃과 세상을 찬찬히 돌아보는 날입니다.
이 날은 몸과 마음을 깨끗이 하여
공손히 땅을 걸어보고 우러러 하늘을 올려다보는 날입니다.

넷,

기다림이 있는 삶

여기, 좋은 버릇 하나 추가요!

성경 말씀

세살 버릇 여든까지 간다. 마땅히 따를 길을 어려서 가르쳐라
Train children the right way, and when old, they will
not stray(잠언Proverbs 22:6, 공동번역; NRSV).

"세 살 버릇 여든까지 간다."
익히 듣던 속담입니다.
버릇 혹은 습관習慣의 중요성을 의미하는 말입니다.
보통 오랫동안 혹은 여러 번 되풀이함으로써 저절로 몸에 익고 굳어진
행동이나 성질을 버릇way 혹은 습관이라 합니다.

습관習慣을 바꾸면 생활이 바뀌고,
생활生活이 바뀌면 인생人生이 바뀐다는 말이 있습니다.
인생에서 버릇이나 습관이 차지하는 비중을 적확的確하게 드러내는 말
입니다.
도스토예프스키는
"습관이란 인간으로 하여금, 그 어떤 일도 할 수 있게 만들어 준다"고
했습니다.

그렇습니다.
좋은 버릇은 더없는 인생의 보물입니다.
그러나 나쁜 습관은 인생의 걸림돌입니다.

자신의 버릇이나 행동에 대한 성찰과
사랑의 실천에 힘쓰는 사순절四旬節, Lent입니다.
나만의 좋은 버릇이나 혹은 버리고 싶은 나쁜 습관이 있는지요?
"버릇 굳히기는 쉬워도, 버릇 떼기는 힘들다"는 말이 있습니다.

밤과 낮을 마흔 번 맞이하는 사순절 기간의 40일 동안이면
정성과 노력 여하에 따라,
좋은 버릇 몸에 배게 할 수도 있고,
나쁜 습관 떼어 낼 수도 있습니다.

사순절, 간절한 기도와 고요히 말씀을 묵상하는 가운데
나를 힘들게 했던 나쁜 버릇 달래 내보내고,
인생을 즐겁고 윤택하게 할
새로운 버릇 하나 추가하면 좋겠습니다.
사순절, 새로운 마음과 각오로 마음의 봄을 맞이하며 스스로에게 말을 건넵니다.
"여기, 좋은 버릇 하나 추가요!"

눈물이 있는 삶

성경 말씀

예수께서는 눈물을 흘리셨다

Jesus began to weep

(요한복음John 11:35, 공동번역; NRSV).

언제 아파서, 억울해서, 답답해서 혹은 분해서 엉엉 울어 보셨는지요?
언제 다른 사람의 일로 펑펑 눈물 흘려 보셨는지요?
남자는 절대 눈물을 안 보이는 게 미덕美德으로 여겨진 적이 있었습니다. 그렇게 배우며 자랐습니다. 지금 돌이켜 보면 부자연하고 그렇게 썩 좋은 미덕 같아 보이지 않습니다.
아마도 남성 위주 혹은 체면 위주의 사회 분위기에서 나온 듯합니다.

눈물에는 여러 가지가 있습니다.
너무 좋아서, 감격의 눈물이 납니다.
너무 기뻐서, 기쁨의 눈물이 납니다.
너무 슬퍼서, 애통의 눈물이 납니다.
너무 아파서, 고통의 눈물이 납니다.
너무 우스워, 웃다가 눈물이 나기도 합니다.

다른 사람의 가엽고 딱한 일을 보고 측은지심惻隱之心에서 눈물을 흘리기도 합니다.

눈물은 아픔, 기쁨, 슬픔, 감동, 공감의 표현입니다.

함께 눈물 흘림은 서로 하나임을 의미합니다.

눈물의 가치는 진정성에 있습니다.

진정성 없는 거짓과 위선의 눈물을 '악어의 눈물crocodile tears'이라 합니다.

악어에게는 좀 미안한 마음이 드는 표현입니다.

눈물은 흘려야 합니다. 울 때는 울어야 합니다.

한 시인은 눈물이 지닌 삶의 진정성을 이렇게 노래했습니다.

> … 나는 눈물이 없는 사람을 사랑하지 않는다.
>
> 나는 눈물을 사랑하지 않는 사람을 사랑하지 않는다. …
>
> 사랑도 눈물 없는 사랑이 어디 있는가…
>
> _ 정호승 시인, 〈내가 사랑하는 사람〉

예수께서는 고통과 가여움에 처한 이들을 보시고 자주 눈물 흘리셨습니다. 우리의 삶에도 눈물이 있어야 합니다. 시인의 말처럼 눈물 없는 사랑은 없습니다.

눈물은 자기 내면의 고통과 슬픔을 씻어내는 소리 없는 정화淨化입니다.

눈물은 또한 고통과 슬픔에 처한 사람과 나를 하나로 감싸 동여매어 아픔을 덜어주고 다시 마음의 새살을 돋게 하는 영적 반창고bandage입니다.

아픔을 보듬어 주는 말

"어디가 아파서 오셨습니까?"

"여기가 아파서 왔습니다."

병원에서 제일 많이 나누는 '아픔'에 대한 말입니다.

몸과 마음에 아픔pain이 없는 사람이 어디 있을까?

대개 누구나 몸과 마음의 아픔을 경험했거나 혹은 지닌 채 살게 됩니다.

어느 날 유난히 호기심 많은 어떤 분이 저와의 첫 대면에서 대뜸
'신부님, 살아오면서 가장 아팠던 게 뭐에요' 하고 물었습니다.

그저 웃음으로 대답한 기억이 납니다.

마주한 사람의 아픔은 그저 호기심으로 묻거나 지나가는 말로 묻는 것
이 아닙니다.

아픔은 그저 입으로 묻고 귀로 듣는 것이 아닙니다.
아픔은 마음으로 묻고 마음으로 듣는 것입니다.
기꺼이 마음을 열어 같이 아파하고 눈물 흘리고, 함께 공감共感하는
상련相憐의 마음으로 묻고 또 들어야 합니다.

후각嗅覺이 없으면 냄새를 못 맡듯이,
'아픔'의 경험이 없는 사람은 다른 사람의 아픔을 헤아리기 쉽지 않습
니다. 내 아픔의 정도로 다른 사람의 아픔을 알게 되지만 이것도 충분
하지 않습니다. 왜냐하면 세상에 똑같은 지문指紋이 없듯이 똑같은 아
픔도 없기 때문입니다.
아픔을 느끼는 깊이와 정도는 사람마다 다릅니다.
다른 사람의 아픔을 내 아픔의 잣대로 쉽게 헤아리기 어려운 이유입
니다.

비록 나의 아픔이 아무리 클지라도 내 아픔만으로는
세상이나 다른 사람의 '아픔'을 다 알 수 없습니다.
다른 사람의 아픔이 나의 아픔으로 다가올 때
그때 비로소 조금씩 '아픔'을 알아간다 할 수 있습니다.
머리가 아니라 마음의 아픔을 통하여 아픔을 압니다.
아픔을 통하여 자신을 깊이 알게 되고
아픔에 대한 공감을 통하여 형제자매의 아픔을 알게 됩니다. 아픔을
묻는 말은 상대방의 아픔을 깊이 헤아림에서 나오는 말이어야 합니다.
그런 말은 아픔을 보듬어 주고 상처를 낫게 하는 따뜻한 위로와 격려
가 됩니다.

우물가 두레박

성경 말씀

예수께서는 그 여자에게 "하느님께서 주시는 선물이 무엇인
지, 또 너에게 물을 청하는 내가 누구인지 알았더라면 오히
려 네가 나에게 청했을 것이다. 그러면 내가 너에게 샘솟는
물을 주었을 것이다" 하고 대답하시자 그 여자는 "선생님, 우
물이 이렇게 깊은데다 선생님께서는 두레박도 없으시면서
어디서 그 샘솟는 물을 떠다 주시겠다는 말씀입니까?"
Jesus answered her, "If you knew the gift of God, and
who it is that is saying to you, 'Give me a drink,' you
would have asked him, and he would have given you
living water." The woman said to him, "Sir, you have no
bucket, and the well is deep. Where do you get that
living water?"

(요한복음John 4:10-11, 공동번역; NRSV).

어렸을 때 흔히 보던 풍경 가운데 사라져 지금은 보기 어려운 것을 들
라면 제게는 우물과 두레박이 있는 정겨운 모습입니다. 얕은 우물, 깊
은 우물, 물맛 좋은 우물, 두레박 새는 우물 등등 다양한 우물이 기억
납니다. 가장 기억에 남는 우물은 갓 입학하여 본 초등학교의 우물이

었습니다. 학교 우물은 여느 집 우물보다 크고 깊었고 신기한 도르래가 있었으며, 지붕도 근사했고 두레박도 세련되어 보였습니다.

성경에도 우물이나 샘물에 대한 이야기가 꽤 나옵니다. 구약성경을 보면 당시 우물은 일종의 재산이었으며 생존의 기반이었습니다. 우물을 차지하기 위하여 부족 간에 수시로 싸움도 했습니다(창세기 26:20). 주인의 아들 이사악의 아내감을 찾던 아브라함의 종이 리브가를 처음 만난 곳도 샘터 우물가였으며(창세기 24:13), 야곱이 자신의 아내 라헬을 처음 만난 곳도(창세기 29:10) 우물가였습니다.

예수께서 사마리아의 여인을 만나 진리의 말씀을 나누시어 여인을 깨달음으로 인도하신 곳도 우물가였습니다. 예수께서 생명을 살리는 샘솟는 물Living water에 대하여 말씀하시자 여인이 대뜸 묻습니다. "우물이 이렇게 깊은데 선생님께서는 두레박도 없으시면서 어떻게 그 샘솟는 물을 떠다 주시겠습니까?" 여인은 영원한 우물을 옆에 두고 알아보지 못합니다.

예수님은 영원히 목마르지 않으며 영원히 살게 하는 물을 주시는 '생명의 우물'이십니다(요한 4:14). 어떤 가뭄에도 마르지 않는 샘이 깊은 물이며, 맛 또한 영원히 변하지 않는 우물이십니다. 비록 시대가 변하여 정겨운 우물이 사라지고 편리한 수도가 집안에 들어올지라도 우물 본래의 기능은 사라질 수 없습니다. 영원한 생명수生命水를 내어 주시는 생명의 우물이신 예수님은 오늘도 모든 인류와 만물의 삶과 생명의 중심이십니다.

주님께서 생명의 우물이라면 우리는 우물가 두레박이 되면 어떨지 싶습니다. 목말라 갈급한 사람을 위하여 날마다 텀벙텀벙 우물에 잠겨 철철 넘치는 생명수를 아낌없이 나눠주는 두레박 말입니다. 말씀의 우물에서 부지런히 진리와 사랑을 길어 올리는 두레박, 오늘날 교회의 사제와 목사 그리고 모든 크리스천이 지녀야 할 삶이어야 하지 않을까 합니다.

도우시는 하느님

성경 말씀

야훼께서 그를 꾸짖으셨다. "누가 사람에게 입을 주었느냐?
누가 벙어리나 귀머거리를 만들고 눈을 열어 주거나 앞 못
보는 장님이 되게 하느냐? 나 야훼가 아니더냐? 어서 가거
라. 네가 입을 열 때 내가 도와 네가 무슨 말을 해야 할지 가
르쳐 주리라"

Then the Lord said to him, "Who gives speech to
mortals? Who makes them mute or deaf, seeing or
blind? Is it not I, the Lord? Now go, and I will be with
your mouth and teach you what you are to speak"

(출애굽기Exodus 4:11-12, 공동번역; NRSV).

어떤 일이 잘되도록 거들거나 보탬을 주는 일을 도움이라 합니다.
도움, 부드럽고 따듯한 토박이 우리말입니다.
우리는 일생을 살아가면서 알게 모르게 많은 도움을 받습니다.
살아가면서 누구에게 베푼 도움도 있지만 가만히 꼽아보면
대개 받은 도움이 월등히 많은 것은 불필재언不必再言입니다.
부모님의 도움, 스승의 도움, 아내의 도움, 남편의 도움,
친지나 이웃이나 벗의 도움 등등 헤아릴 수 없습니다.

어디 그뿐인가요? 땅의 도움 하늘의 도움이 크고, 날마다 먹는 음식이나 과일 등등 도움 없이는 나 자신의 삶을 설명하기 어렵습니다.

하느님께서 출애굽의 사명을 맡기시려고 모세를 부르셨습니다.
모세가 자신은 말도 잘 못하고 사람 앞에 나설 주변머리도 없다며 주저합니다. 그러자 하느님께서 모세에게 인간은 '도움' 속에 살아가는 존재임을 일깨워 주시며 내가 너를 도와줄 것이라 말씀하십니다.

사람은 도움 속에 살아가는 존재입니다.
누군가의 도움 없이는 아무것도 할 수 없습니다.
사람뿐 아니라 모든 존재는 서로 도움을 받고 도움을 주며 살아갑니다. 도움이 필요 없는 강하고 완전한 사람은 없습니다. 간혹 그렇게 착각하고 사는 사람을 보기도 합니다. 또한 남에게 어떤 도움도 주지 못할 만큼 무익無益하거나 무가치한 사람도 없습니다.
남성과 여성, 어른과 아이, 강한 사람과 약한 사람, 잘하는 사람과 못하는 사람 이러한 관계는 서로 돕는 관계이지 상하관계나 대결적 관계가 아닙니다.

도움은 아름답고 따뜻하며 행복한 세상을 살아가기 위한 우주의 존재 방식입니다.
도움이 아름답고, 도움이 고마움을 지어내는 이유가 여기에 있습니다. 그동안 도움을 베풀어 주신 모든 분들에게 감사합니다. 또한 도움을 받았듯이 힘써 다른 사람을 기꺼이 돕는 사람이 되기를 희망합니다.
성경은 하느님은 도우시는 하느님이라고 말씀합니다.

도우시는 하느님이 옆에 계시니 어떤 일을 만나도 두려움이 없습니다. 안심입니다. 이웃을 기꺼이 도움으로 하느님의 손이 될 수도 있으니, 도움은 또한 벅찬 행복입니다.

요리에도 윤리가?

어려서 학교 다닐 때에는 도덕道德이나 윤리倫理 과목이 가장 쉬웠던 기억이 납니다.

대개 도덕이나 윤리는 당위적인 것을 다루기 때문에, 문제 중에서 바르다고 생각되거나, 정직하고 사회규범에 맞는다고 보이는 것을 고르면 그게 정답이었습니다.

그런데 요즘처럼 복잡다단한 세상을 살다 보니 윤리처럼 어려운 것이 없습니다. 급변하는 세상의 사회 현상에 대한 올바른 윤리적 성찰省察을 하기도 힘들거니와 새로운 시대에 맞는 윤리적 삶을 실천實踐하기란 더더욱 어렵기 때문입니다.

세상의 모든 분야는 제 나름의 윤리가 있습니다.
가정윤리, 사회윤리, 기업윤리, 종교윤리, 의료윤리, 환경윤리, 생명윤리 등등 윤리와 무관한 분야는 없는 듯합니다.
얼핏 사소해 보이는 일조차도 실은 매우 중요한 윤리적 의미를 지니고 있습니다.
얼마 전 새우 게·가재 등 '갑각류'나 문어·낙지·오징어 같은 '두족류頭足類'도 사람처럼 고통을 느낀다는 기사를 읽었습니다. 사람들이나 척추동물만 고통을 느낀다는 종래의 상식을 깬 것입니다. 어렸을 때 개구리를 잡아 희롱하며 놀던 일이 미안해졌습니다. 이제는 인간의 윤리적 의무와 배려 안에 자연의 모든 동물들이 들어갈 때가 되었습니다.

성경 창세기를 보면 하느님께서는 동물을 사랑하시고 배려하셨습니다. 홍수 후에 노아와 계약을 맺으실 때 동물들도 사람과 같이 어엿한 계약의 주체로 삼으셨습니다. 하느님의 약속을 드러내시는 무지개의 축복을 동물들에게도 주셨습니다. 하느님은 친히 동물을 기르시고 축복하시는(창세기 1:22, 시편 147:9) 분으로 나옵니다. 동물들이 하느님께 찬양을 드릴 수 있는 주체로(시편 148:10, 다니엘 3:79-81) 기록되어 있습니다.
사람과 동물 사이에 조화로운 삶을 위한 새로운 윤리가 필요합니다.

동물을 기를 때는 물론 심지어 살아있는 해산물을 요리할 때에도 배려가 있어야 합니다. 스위스 정부는 동물보호법을 바꾸어 바닷가재를 산 채로 직접 끓는 물에 넣어 요리하는 관행을 법으로 금하였고, 이탈리아도 비슷한 조치를 했다 합니다. 동물의 고통을 덜하게 하자는 것입니다. 요리를 할 때에도 동물의 고통 감소를 위한 배려가 있어야 합니다. 이제 요리도 윤리의 영역입니다.

비닐봉지 하나가 윤리

성경 말씀

피조물만이 아니라 성령을 하느님의 첫 선물로 받은 우리 자신도 하느님의 자녀가 되는 날과 우리의 몸이 해방될 날을 고대하면서 속으로 신음하고 있습니다

and not only the creation, but we ourselves, who have the first fruits of the Spirit, groan inwardly while we wait for adoption, the redemption of our bodies

(로마서Romans 8:23, 공동번역; NRSV).

오늘 말씀에 신음呻吟이라는 단어가 나옵니다.

병이나 고통으로 앓는 소리를 내는 것을 신음이라고 합니다. 신음이라는 말이 나오면 몸 둘 바를 모릅니다. 고된 농사일로 몸이 편찮으심에도 내색하지 않으시고 속으로 신음하시던 부모님에 대한 기억이 있기 때문입니다.

요즘 플라스틱 쓰레기가 지구를 오염시키고, 거북이나 고래 등 여러 동물들에게 고통을 준다는 안타까운 보도를 접합니다. 플라스틱 문제가 심각한 것은 썩어도 그걸로 문제가 해결되지 않는다는 데 있습니다. 플라스틱 제품이 분해되면서 많은 양의 미세 플라스틱 입자microbead

를 발생하여 토양이나 상수도원源인 계곡과 강물 그리고 바닷물에 녹아들어 어류나 조류 등의 몸에 축적된다고 합니다. 결국 사람의 몸에 발암물질로 들어옵니다.

일회용 플라스틱 제품은 만드는데 1초, 사용하는데 20분, 분해되는데 200~400년 걸린다고 합니다. 어떤 환경운동가는 미세 플라스틱으로 축적된 각종 해산물을 먹는 현대인을 일컬어 '플라스틱 의자에 앉아, 플라스틱 그릇과 플라스틱 포크로, 플라스틱을 먹는 셈'이라고 말합니다. 가볍게 들을 일이 아닙니다.

소크라테스는 '숙고하지 않은 삶은 살 가치가 없다'는 말을 했습니다. 비닐봉지 하나 사용하는 데도 진지한 숙고와 성찰이 요구됩니다. 윤리학자 윌리엄 슈바이커는 '존재하는 것은 모두 선하다'고 합니다. 인간중심적 윤리에서 벗어나 모든 존재를 끌어안는 삶을 살아야 합니다. 지구의 모든 생명들을 배려하고 피해나 고통을 덜 주며 살아가는 윤리, 인류의 생존은 물론 인간과 지구의 모든 생명체가 더불어 살아가는 지구윤리Global Ethic가 나와야 합니다.

성경 로마서는 속으로 신음하는 피조물에 대하여 말씀합니다. 지구 한 모퉁이에서 인간이 버린 쓰레기로 영문도 모르는 채 신음하는 동물들이나 먼 훗날 우리가 버린 비닐봉지에서 나오는 환경호르몬으로 곡절도 모르고 불치의 병으로 고통당할 미래세대를 생각하며 단호하게 비닐봉지를 거부하고 장바구니를 들어야 합니다. 비닐봉지 하나 덜 사용하는 것도 자연의 동물을 사랑하는 이타적利他的 삶이요 지구윤

리의 실천입니다. 그럼에도 간혹 나도 모르게 편리하다는 이유로 손
에 비닐_{플라스틱} 봉지가 쥐어질 때가 있으니 윤리는 정말 어렵습니다.
다시 생각해 보니 세상에서 가장 어려운 과목이 〈윤리〉인 듯합니다.

누구를 평가한다는 것은

시대를 이끌었던 정치인이나 유명 인사가 세상을 떠나면 의례히 평가가 뒤따릅니다. 평범한 소시민이건 사회의 저명한 인물이건 인생에 대한 평가를 피할 수 없습니다.

'사람은 관 뚜껑이 덮이고 나서야 알 수 있다'는 말이 새삼 새롭습니다. 역사 속의 인물들을 보면 초지일관 뚜렷하게 곧고 바르게 산 사람이 있는가 하면, 생전의 삶이 극과 극으로 상반된 평가를 받는 사람도 있고 어떻게 평가를 해야 할지 도무지 판단이 서지 않는 애매모호한 경계에 있는 인물도 있습니다.

대부분의 인생은 굴곡屈曲도 있고 과오도 더러 있게 됩니다. 한 시대를 이끌었던 위대한 인물도 그 내면을 자세히 들여다보면 인생의 풍파와 고비, 역사의 전환기에서 번민과 결단의 과정 속에서 강함과 약함, 밝음과 어둠, 용기와 두려움을 지닌 '우리와 같은 사람의 길을 걸은' 존재임을 보게 됩니다.

더구나 "남을 판단하지 마라, 그러면 너희도 판단 받지 않을 것이다"(마태 7:1) 말씀하신 예수의 가르침은 다른 사람에 대한 섣부른 평가의 유혹을 경계하게 합니다.

다른 사람에 대한 평가는 자연히 자신에 대한 평가로 돌아옵니다. 그러면 당신은? 싫든 좋든 우리 역시 생존 시는 물론이요 세상을 떠날 때 세인의 평가를 받을 것입니다. 그렇다고 매사 사후평가를 의식하며 산다면 정말 피곤할 것이며, 자칫 위선이 될 수도 있습니다. 그렇다고 평가를 무시하며 살 수도 없는 일, 평가에 초연超然한 삶은 어떨지 생각해 봅니다. 세상의 유혹이나 위압에 휘둘리지 않고, 세간의 평가에 얽매이지 않으며 태연하고 느긋한 가운데 자연스럽게 사는 인생이 그런 삶일지 싶습니다.

야고보서는 말씀에 자신을 비추는 삶을 살라고 하십니다.
거울에 얼핏 제 얼굴을 비추어 보고 잊어버리는 사람이 아니라, 말씀에 찬찬히 자신을 비추며 살라는 말씀입니다. 옛말에 흘러가는 물에 자신을 비춰보지 말고不鑑於水, 不鑑於水, 사람들의 마음에 자신의 행동을 비춰보며 살라는鑑於人, 鑑於人 교훈이 있습니다. 하늘을 우러러 한 점 부끄럼 없이 살기를 고백했던 윤동주 시인은 아마도 매일 하늘에 자신을 비추며 살았던 듯합니다.

말씀은 그리스도인의 삶의 거울입니다. 진리의 말씀에 자신을 비추며
사는 삶이야말로 세상의 평가에 초연한 삶이요 영원히 참되며 향기로
운 삶입니다.

아픔을 다스리는 약

크게 아파보셨는지요? '아픔'은 정말 아픕니다.

몸이나 마음에 견디기 어려운 통증, 모멸감, 번민, 괴로움 등을 느낄 때
아프다痛, pain, ache, hurt고 합니다.

보통 아픔과 '상처'를 같은 뜻으로 사용하기도 합니다.

아픔은 때로 우리를 상처의 웅덩이나 출구 없는 절망의 나락에 가두기
도 합니다. 아픔은 먹고 자고, 오고 가며, 살며 생각하는 일상의 생활
을 불편하고 힘들게 합니다.

아픔은 때로 나에게 상처 준 사람과의 관계를 영원히 돌아오지 않는
다리로 만들어 버리기도 합니다. 거듭되는 아픔은 우리의 삶을 소심
하게 하고, 고립시키고, 어둡게 합니다.

아픔은 결코 '그까짓 것'이 아닙니다.

아픔은 때로 한 사람의 인생에서 무서운 트라우마trauma나 일생 어두운 그늘로 자리 잡을 수 있습니다. 우리가 누구에게 '아픔상처'을 줘서는 안 되는 이유입니다.

"말이 입힌 상처는 칼이 입힌 상처보다 깊다"는 모로코 속담이 있습니다. 예리하거나 근거 없는 말이 지어내는 실상을 가리키는 속담입니다. 말하는 입은 재앙이 드나드는 문이라는 구화지문口禍之門이나, 혀는 몸을 자르는 칼이 되기도 한다는 설참신도舌斬身刀 역시 말의 무서움을 일깨우는 표현입니다.

말 한마디로 천 냥 빚을 갚기도 한다지만 그런 경우보다는 말 때문에 큰 어려움을 주고받거나 상처나 피해를 입는 경우를 더러 봅니다. 삶의 지혜는 종종 듣는 데서 비롯되고, 삶의 후회는 대개 말하는 데서 비롯된다는 말이 있습니다. 말은 신중하고 사려 깊게 해야 합니다.

성경 잠언은 우리의 따뜻한 말 한마디와 온화한 얼굴표정이 다른 이의 아픔을 낫게 하는 약이 된다고 말씀하십니다. 깊이 새겨들을 말씀입니다. 말은 상처를 주는 독毒이 되기도 하고 상처를 낫게 하는 약藥이 되기도 합니다.

그러므로 나의 언행言行이 부지중不知中 다른 이에게 '아픔'을 주지는 않는지, 늘 조심 또 조심해야 합니다. 말에 대하여 묵상하라는 말이 있습니다. 부주의한 말, 잔인한 말, 거친 말, 무례한 말, 함부로 뱉는 말, 교언巧言, 부정적인 말 등을 멀리해야 합니다. 상처를 주는 말들이기 때문입니다. 말은 주님의 말씀에 대한 깊은 묵상과 상대방에 대한 사랑 그리고 배려와 사려 깊은 숙고에서 나와야 합니다. 그런 말은 힘이 있습니다. 사랑, 진실, 용기, 맑음, 따듯함, 격려, 배려, 희망을 담은 말이 그런 말입니다. 이런 말은 몸과 마음의 상처를 낫게 하며, 사람을 살리는 생명의 약이 됩니다.

날마다 자기를 새롭게 하는 삶

성경 말씀

나는 분명히 말한다. 너희가 생각을 바꾸어 어린이와 같이
되지 않으면 결코 하늘나라에 들어가지 못할 것이다
Truly I tell you, unless you change and become like
children, you will never enter the kingdom of heaven
(마태오복음Matthew 18:3, 공동번역; NRSV).

혁명.
혁명 기념일이 있는 나라들이 많이 있습니다.
과거의 낡은 제도나 습관,
불의한 체제를 일시에 바꾸는 것을 혁명革命, revolution이라 합니다.
혁명은 쉽지 않습니다. 이른바 불의와 구악을 몰아내고 적폐積弊를 도
려냄에서 오는 고통과 고귀한 피를 흘리는 숭고한 희생이 따릅니다.
모든 위대한 혁명 앞에 진지해야 할 이유입니다.

혁명이라는 말은 매우 비장하고 숙연합니다.
이보다 좀 부담 없는 말로 개혁, 변혁, 혁신이 있습니다.
더 일상적인 말로 바꿈change이 있습니다.

부드럽고 쉽게 말해 혁명은 낡은 무엇을 '바꾸는 것'입니다.
역사를 새롭게 한 모든 창조적 혁명은 '자기를 바꾸는 데'서 시작하였습니다. 자기 바꿈이 모든 혁명의 시작입니다.

주님께서 생각을 바꾸어 어린아이와 같이 되지 않으면
하느님 나라에 들어갈 수 없다고 하십니다.
자기를 바꾸고 생각을 바꾸는 '바꿈'의 중요성을 말씀하고 있습니다.
'자기 바꿈' 없이는 진정한 혁명은 물론이거니와 하느님 나라에 들어가지 못합니다.
교회에서는 자기 바꿈을 회개悔改라고 합니다.
모든 회개 곧 자기 바꿈은 마음을 바꾸는 데서 시작합니다.
진정한 회개를 통한 마음의 변화 곧 자기 바꿈이 모든 바꿈의 시작입니다.

그러므로 다른 사람이나 어떤 조직을 바꾸거나,
세상을 바꾸려 하기에 앞서,
날마다 자신의 마음과 행동을 바꾸어야 합니다.
매일 새롭게 바뀐 세포가 내 몸을 성하고 건강하게 하듯이,
옛 생각이 아니라 '새롭게 바뀐 마음과 생각'이 오늘 여기의 삶을 이끌어가야 합니다.
성령의 인도 안에서 날마다 말씀과 기도로 자기를 바꾸어 새롭게 하는 삶,
내면을 새롭게 하는 진정한 자기 혁명을 이루는 삶,
그게 신앙인의 삶입니다.

아낌없이 주는 삶

성경 말씀

이 니느웨에는 앞뒤를 가리지 못하는 어린이만 해도 십이 만 이나 되고 가축도 많이 있다. 내가 어찌 이 큰 도시를 아끼지 않겠느냐?

And should I not be concerned about Nineveh, that great city, in which there are more than a hundred and twenty thousand persons who do not know their right hand from their left, and also many animals?

(요나Jonah 4:11, 공동번역; NRSV).

동화 『아낌없이 주는 나무The Giving Tree』를 기억하실 겁니다.
나무는 소년에게 모든 것을 주고도, 오히려 더 줄 것이 없다고 미안해 합니다. 그 나무는 정말 '아낌'이 없었습니다. 소년을 가장 '아꼈기' 때문입니다.
아끼는 소년을 위하여 모든 것을 준 나무처럼
참으로 '아끼는 것'이 있어야 '아낌'없이 줄 수 있습니다.

아끼는 것 곧 아낌은 '아깝다'에서 온 말입니다.
'아깝다'는 말은 아쉽다, 서운하다, 섭섭하다, 애석하다, 안타깝다, 소중하다 등등 여러 뉘앙스를 담은 말입니다.

소중하게 여겨 함부로 쓰지 않거나 막 대하지 않을 때 '아낀다'고 합니다.

살아가면서 '아낌'이 있어야 합니다.

물 한 바가지, 종이 한 장, 쌀 한 톨, 전등 에너지, 흐르는 시간도 아껴야 합니다.

말言語, speaking도, 육체의 힘도, 재력이나 권력도 아껴야 합니다.

아끼되 바르게 아껴야 합니다.

바른 '아낌'은 지나칠 정도로 다랍게 아끼는 '인색吝嗇'과는 의미가 다릅니다. 아낌의 목적은 '아까워 쓰지 않음'이 아니라, 오히려 주거나 쓰기 위함입니다.

평소 '아낌'이 있는 사람만이 '아낌없이' 줄 수 있습니다.

시간을 아껴 쓰는 사람은 다른 사람에게 기꺼이 '자기의 시간'을 내 줄 수 있습니다.

말을 아끼는 사람만이 필요한 때 '옳고 바르며 복된 말'을 해줄 수 있습니다.

아낌이 있어야 합니다.

참으로 아껴야 할 대상은 사람이며 생명입니다.

사람과 생명을 함부로 대하지 말아야 합니다.

아낌은 서로에 대한 예우禮遇이고, 우주의 거룩한 존재 방식입니다.

우리는 진정한 아낌의 모습을 요나를 보내서 니느웨 성을 구하신 하느님에게서 봅니다.

하느님께서는 비록 도시가 죄로 가득 찼지만, 앞뒤를 가리지 못하는

어린아이들 12만 명과 수많은 가축들이 있는 도시 '니느웨의 백성'을
아끼시어 용서해 주셨습니다.

하느님께서는 이 세상을 아끼고 사랑하시어 아들 예수님까지도 '아낌
없이' 내어 주셨습니다.

참으로 '아끼는 것'이 있어야 '아낌'없이 줄 수 있습니다.

함께 우는 것이 기도

하루가 낮과 밤으로 이루어지듯이,

세상살이 또한 기쁜 일과 슬픈 일이 함께 일어납니다.

얼마 전 지구의 지붕이라 일컫는 고산지대 네팔에서 큰 지진이 일어나

네팔 전역과 지구의 최고봉 에베레스트산을 흔들어

부지기수의 인명이 다치고 사망하고, 엄청난 경제적 피해를 입었습니다.

지구촌 도처에서 수시로 자연재해가 일어나 많은 사람이 다치거나 죽음을 맞이합니다.

마음이 아픕니다. 위로와 격려와 기도가 필요한 때입니다.

성경은 우는 사람이 있으면 함께 울어주라 말씀합니다.

서로 공감하며 살라는 말씀입니다.

서로 한 지체肢體임을 확인하며 살라는 말씀입니다.

아플 때 저절로 함께 아픔을 느끼고, 기쁠 때 함께 기쁨을 느낄 때 비로소 우리는 서로 하나라 할 수 있습니다.

함께 느끼고 함께 울며 지체됨을 확인하는 것 그것이 사랑입니다.

에리히 프롬은 "사랑한다는 것은 관심을 갖는 것이며, 존중하는 것이다. 사랑한다는 것은 책임감을 느끼는 것이며 이해하는 것이고, 사랑한다는 것은 주는 것이다"라고 말합니다.

예기치 못한 재난으로 슬픔과 아픔이 가득한 지금은 함께 울 때입니다.

운다고 뭐가 해결되느냐고 하는 분이 있습니다.

함께 울어줄 때, 마음과 마음 안에 우주적 공명共鳴이 일어납니다.

사랑이 전달되고, 슬픔에 빠진 사람은 자신이 혼자가 아님을 깨닫게 됩니다.

내가 혼자가 아님을 알 때,

나를 위하여 진심으로 울어주고 기도하는 사람이 있음을 알 때,

아픔과 슬픔을 거두어 내고, 다시 일어설 용기와 힘이 솟아납니다.

옆에서 함께 울어줌보다 더 좋은 언어나 행동을 찾아보기 어렵습니다.

어떻게 보면 함께 울어줌보다 더 큰 위로와 격려와 기도도 없습니다.

예수께서도 비통하는 사람 옆에서 눈물 흘리셨습니다(요한 11:35).

웃는 사람과 함께 기뻐 웃는 것이 찬양입니다.

슬퍼하는 사람과 진심으로 함께 울며 눈물 흘리는 것이 기도입니다.

잊을 수 없는 이름

성경 말씀

야훼께서 모세의 말을 받아주셨다. "너야말로 과연 내 마음
에 드는 자요, 잊을 수 없는 이름이다. 지금 네가 청한 것을
다 들어 주리라"

The Lord said to Moses, "I will do the very thing that
you have asked; for you have found favor in my sight,
and I know you by name"

(출애굽기Exodus 33:17, 공동번역; NRSV).

살아오면서 만난 사람들을 가만히 헤아려 보면 잊을 수 없는 이름들이
많이 있습니다.

한여름 맑은 밤하늘에 휘영청 걸린 은하수를 바라보며

별 하나에 이름 하나씩 꼭꼭 새겨 놓고 싶은 사랑스럽고 고맙고 정겨
운 이름들입니다.

갓난아기에서 어린 시절, 질풍노도의 사춘기, 어렵고 힘들 때,

교회를 섬기면서 어찌할 바를 몰라 도움이 필요할 때,

나를 지지해 주고 힘이 되어주고 벗이 되어주고 선배가 되어준 이름들
입니다.

살다 보면 정말 눈에 들고 마음에 드는 사람이 있습니다.

나를 알아주고, 내 뜻을 이해해 주고, 서로에게 배워가며 함께 성장하며,

나를 흐뭇하고 즐겁게 해 주는 사람입니다.

출애굽의 지도자 모세는 하느님으로부터 이런 최고의 칭호를 받았습니다.

"너야말로 과연 내 마음에 드는 자요, 잊을 수 없는 이름이다."

모세는 언제나 하느님의 뜻과 하느님의 선하신 일에 "Yes!"를 한 사람입니다. 전심전력을 다해 하느님의 분부를 받든 사람이니 이런 칭호를 받을 만합니다.

비록 아직 모세와 같은 칭찬은 아닐지라도 주님으로부터 엇비슷한 칭호라도 받았으면 하는 마음 은근 없지 않습니다.

또 하나의 인간적인 바람이 있다면

나 또한 누군가의 마음에 좋은 기억으로 남는 사람이 되었으면 하는 마음입니다.

참 사람으로 사신 예수님의 가르침을 따라

시간을 내어주고, 마음을 내어주고, 가진 것을 나누고,

희노애락喜怒哀樂은 물론 기꺼이 서로의 과오過誤에 대하여 용서와 화해를 나누고 어려움과 기쁨을 함께 나눔으로

누군가에게 잊을 수 없는 이름, 고마운 이름이 되었으면 하는 마음 간절합니다.

과분한 기대일지 모릅니다.

숭숭 허술하고 모난 데가 많은 삶을 살아왔기에 비록 누구의 마음에 고이 남는 이름이 되지는 못할지라도 아쉬움 없음은 부족하고 아둔한 사람의 작은 일 일지라도 마음에 잊지 않으시는 주님이 함께 계시기 때문입니다(히브 6:10).

아모르 파티Amor Fati의 삶

> ## 성경 말씀
>
> 야훼께서 그를 꾸짖으셨다. "누가 사람에게 입을 주었느냐?
> 누가 벙어리나 귀머거리를 만들고 눈을 열어 주거나 앞 못
> 보는 장님이 되게 하느냐? 나 야훼가 아니더냐? 어서 가거
> 라. 네가 입을 열 때 내가 도와 네가 무슨 말을 해야 할지 가
> 르쳐 주리라"
>
> Then the Lord said to him, "Who gives speech to
> mortals? Who makes them mute or deaf, seeing or
> blind? Is it not I, the Lord? Now go, and I will be with
> your mouth and teach you what you are to speak"
>
> (출애굽기Exodus 4:11-12, 공동번역; NRSV).

대화를 나누다 보면 운명運命이라는 말을 들을 때가 적지 않습니다.
사람들은 '운명'의 관점으로 세상을 보기도 하고, 살아온 자신의 인생
을 설명하기도 합니다. 도리 없이 받아들일 수밖에 없는 개인이나 민
족의 어떤 공고한 현실이나 상황을 운명이라 합니다. 운명이라는 단
어는 사람이 태어난 사주四柱에 바탕을 두어 운명을 예측하는 사주명
리학四柱命理學을 믿는 사람들만의 이야기가 아닌 듯합니다.

독일의 철학자 프리드리히 니체는 운명에 대하여 새로운 통찰력을 제시해 줍니다. 그가 말한 '아모르 파티Amor Fati'의 개념이 그러합니다. 니체는 『즐거운 학문』이나 『차라투스트라는 이렇게 말했다』에서 '아모르 파티amor fati'의 운명을 말합니다. 라틴어 아모르는 사랑Amore을 파티는 운명fate을 뜻합니다. 아모르 파티는 운명애運命愛 혹은 '운명에 대한 사랑' 정도로 이해하면 될 듯합니다.

니체는 누군가의 삶에서 발생하는 모든 것이 그 사람의 운명인데 이 운명을 피하거나, 수동적으로 받아들이거나, 거부하거나, 부정하는 삶에서 벗어나라고 합니다. 아모르 파티는 자신의 인생을 세상 탓이나 어느 누구의 탓으로 돌리거나 주어진 운명에 무조건 순응하는 태도를 거부합니다. 아모르 파티는 운명에 대한 긍정과 자신에 대한 사랑을 통하여 창조적으로 자신의 운명 곧 새로운 미래를 열어가는 삶을 의미합니다.

뜬금없이 기독교 목회자가 하느님의 섭리라는 말을 놔두고 운명을 이야기합니다. 그것은 비록 현재의 삶이 답답하고, 슬픔과 고통이 가득할지라도 이런 자신의 현실을 운명의 탓으로 돌려 체념하지 말고, 하느님의 사랑 안에서 현실에 대한 성찰적 수용과 깊은 긍정을 통하여 다시 일어서려는 마음을 나누고 싶기 때문입니다.

하느님은 개인적으로나 민족적으로 말할 수 없는 고통과 절망, 세상에 대한 울분 속에 살고 있는 모세를 부르십니다. 그는 자신의 억울함, 민족적 운명을 탓할 만합니다.

그러나 하느님은 이런 모세를 부르시어 인생과 역사를 주관하시는 하느님을 알려 주십니다. 그리고 새로운 인생, 민족의 새로운 미래 곧 운명을 향하여 '가라go' 명령하십니다.

'아모르 파티!'입니다.

모세처럼 인생의 주관자요 역사의 주님이신 하느님 안에서, 자신의 운명과 역사를 긍정하며 앞으로 나가는 사람에게 행복한 인생, 새로운 미래가 열립니다.

동물도 반려伴侶의 대상

비교적 어려운 한자어인 반려伴侶라는 말을 요즘 자주 듣습니다. 반려
견犬이나 반려동물伴侶動物, 반려식물伴侶植物이 그런 말입니다. 벗이나 짝
혹은 동료를 의미하는 '려侶, companion'라는 한자어가 일상생활 속 언어
로 들어왔습니다. 그 동안 반려라는 낱말은 인생의 반려자伴侶者라 하
여 부부나 배우자와 같은 의미로 주로 사용되어 왔습니다. 이제는 사
람을 넘어 동·식물에게도 반려라는 말을 붙이는 시대가 되었습니다.
동물에게 반려라는 말을 사용하는 것을 달갑게 여기지 않는 의견도 없

지 않습니다. 동·식물이 어떻게 인간의 반려 대상이 될 수 있는가 하는 입장입니다. 그러나 반려라는 말의 사전적 의미가 생각이나 행동을 함께 하는 짝이나 동무라는 뜻을 담고 있으니, 인생을 함께 살아가는 인간의 친구라는 의미로 반려동물이라는 말을 사용함에 별 무리가 없을지 싶습니다.

반려동물이 일상의 대화에서 비중 있는 주제가 되었습니다. 아마존을 비롯하여 일부 기업은 직원의 복지 차원에서 회사 내에 반려동물을 위한 시설을 마련하고, 간식도 준다고 합니다. 반려동물을 입양할 경우 입양 휴가나 보너스를 지급하는 회사도 있다고 합니다. 교회에서도 사제司祭에게 반려동물을 위한 기도를 요청하는 교우들을 만납니다. 반려동물이 아플 때 가족이 아픈 것처럼 발을 동동 구르는 분들, 곁을 떠난 반려동물을 장례식장이나 납골 안치소에 안치하고 추모하는 이들도 있습니다. 동·식물에 대하여 자신의 잣대를 기준으로 '뭘 그렇게까지' 혹은 '개가 상전이네' 하며 비아냥하면 그들의 마음을 아프게 할 것입니다.

성경은 여러 곳에서 동물을 배려하며 살라는 말씀을 합니다. 이사야 예언자는 장차 올 하느님이 다스리는 세상에서는 늑대나 새끼 양이나 송아지나 어린아이가 함께 어울려 뒹굴며 살아가게 된다고 선포합니다. 반려동·식물 시대를 살고 있습니다. 동물을 갖고 노는 대상인 '애완愛玩'에서 함께 세상을 살아가는 벗인 '반려伴侶'로 대하는 넉넉하고 열린 품격이 요청됩니다. 그런 품격에서 동식물을 가족으로 여기고, 그들의 마음과 건강을 챙겨주고, 아플 때 (제발 갖다 버리지 말고) 극진히 돌봐 주고, 사별하여 장례를 맞이할 때까지 희로애락을 함께 하며 해로偕老에 이르는 진정한 반려의 삶이 이루어질 것입니다.

무엇이 나의 삶을 만들어 가는가

성경 말씀

… 나는 금보다도, 순금보다도 당신의 계명을 더 좋아하리
이다

Truly I love your commandments more than gold,
more than fine gold(시편Psalm 119:127, 공동번역; NRSV).

"좋아합니다", "사랑합니다."

한국에서도 이곳 미국에서도 매우 자주 사용하고 또 듣는 말입니다.
뛰어난 천재 음악가 볼프강 아마데우스 모차르트Wolfgang Amadeus
Mozart는 아예 이름 안에 사랑amare과 하느님Deus이라는 말을 넣어 '하
느님이 사랑하는 사람'이라는 뜻의 아마데우스Amadeus라는 이름을 썼
습니다. 아마레Amare는 라틴어나 이탈리아어 등에서 '사랑하다', '좋아
하다', '반하다'의 뜻으로 쓰입니다. 기업이나 단체에서 사용하는 아모
레amore, 사랑라는 말도 여기서 나왔습니다.

세상에는 좋아할 만한 것들이 참 많이 있습니다.
세상에는 사랑할 만한 것들이 많이 있습니다.
어떤 것을 좋아하고, 무엇을 사랑하는 지가

그 사람의 하루는 물론 일생의 눈길과 손길과 발길을 결정합니다.

오늘 시편 기자는 금보다 순금덩어리보다,
주님의 말씀을 더 좋아한다고 고백합니다.
정말 그 경지조차 이해하기 어려운 깊고 높은 은혜의 마음에서 나온
멋진 고백입니다.
속히 이런 고백에 이르며, 이러한 고백에 합당한 삶을 살게 되기를 갈
망합니다.

세상을 보면 그 사람이 세상에서 어떤 것을 가장 좋아하고,
무엇을 가장 사랑하며 살았느냐가 그 사람의 품격과 삶의 내용을 결정
하는 것을 어렵지 않게 볼 수 있습니다.
돈을 지극히 좋아하고 사랑했던 한 전직 대통령은 대통령이라는 한 나
라의 가장 존경할만한 자리에 올랐음에도 대다수 국민들의 마음에 큰
실망을 주고 조롱과 비아냥의 대상이 되었습니다.

무엇을 좋아하고, 무엇을 사랑하며 살아가느냐 여부가 그 사람의 지
상 삶의 모습을 결정하며, 나아가 하늘로 이어지는 영원한 존재의 향
기를 빚어냅니다. 우리가 오늘 여기서 참되고 선하며 아름다운 것을
좋아하고 사랑하며 살아야 할 이유입니다.
오늘도 진리의 말씀이 금은보화보다 순금 덩어리보다 더 좋다는 시편
기자의 고백을 마음에 깊이 담아 간직하고
이 멋진 고백에 합당한 삶을 살고 싶습니다.

'알아줌'의 기쁨

누가 나를 '알아주면' 정말 기분이 좋습니다.

간혹 한국이 나를 몰라주네, 미국이 나를 못 알아보네 하는 분이 있습니다. 그리 듣기 싫지 않은 귀염성 있는 투정입니다. '알아줌'에 대한 갈망을 담고 있습니다.

알아준다는 것은 그 사람의 가치, 실력, 성품, 개성 등 '존재存在' 자체를 있는 그대로 발견하고 인정하는 것입니다.

'알아줌'은 존중하는 마음, 아끼고 사랑하는 마음, 편견 없는 마음, 너그러움과 격려의 마음에서 나옵니다.

알아줌은 상대방의 에너지를 솟아나게 합니다.

그러므로 누가 나를 알아주면, 자신감이 솟고 힘이 납니다. 행복합니다.

반면, 사람들이 나를 몰라줄 때 실망하고 답답하고 속이 상합니다. 이럴 때 『논어』의 말씀은 어떤지요?

> 세상이나 다른 사람이 나를 알아주지 못함을_{불기지, 不己知} 걱정하지 말고,
>
> 오히려 내가 다른 이를 알아주지 못함을_{부지인, 不知人} 걱정해야 한다.

남이 나를 알아주기를 바라기에 앞서, 혹시 나는 다른 이를 '알아주는 데' 인색하지는 않은지요? 알아줌은 나와 상대방을 하나로 이어주는 마음과 정신의 힘줄입니다.
풍요와 역경은 서로를 알게 하는 좋은 기회가 되기도 합니다.
"풍요 속에서는 친구들이 나를 알게 되고, 역경 속에서는 누가 진정한 친구인지 내가 친구를 알게 된다"라는 말이 있습니다.

사실 가까울수록 오히려 그 진가를 제대로 '알아주지' 못하는 경우도 적지 않습니다. 등하불명_{燈下不明}입니다. 부부, 가족이나 친구, 직장 동료처럼 가까운 사이일수록 '알아줌'이 있어야 합니다. 서로에 대하여 고마움과 소중함, 수고와 가치, 재능과 희망 등등 가까운 사람이 지니고 있는 마음의 아픔이나 걱정에 대하여 깊고 세밀하게 '알아주어야' 합니다.
알아줌 혹은 알아봄이야말로 진정한 만남이 가져다주는 최고의 기쁨입니다.
주님 안에서 맑고 깊은 마음의 눈을 지녀 편견 없이 다른 사람의 장점과 아픔을 고스란히 알아주며 살고 싶습니다.

마음 기울여 듣기

마이동풍馬耳東風 혹은 벽창호라는 말이 있습니다.

도무지 말이 통하지 않는 사람,

다른 사람의 말에 귀와 마음을 주지 않는 사람을 뜻합니다.

말을 하거나 듣는 목적은 사귐이나 이어짐 혹은 이해를 위한

상호 소통疏通, communication에 있습니다.

소통의 핵심은 잘 '들음listening'입니다.

제대로 듣지 않으면 통通할 수 없습니다.

정확하게 말하는 것만큼이나 중요한 것은 제대로 듣는 것입니다.

말하는 것은 지식知識의 영역이라면

듣는 것은 지혜知慧의 영역이라는 말이 있습니다.

잘 듣는 것은 쉽지 않습니다.

많은 사람들이 자기 방식대로 듣거나,

자기가 원하는 것만 들으려 합니다.
그러다보니 '들어도hearing 듣지listen 못할 때'가 많습니다.

들음을 굳이 구분하자면,
소리sound는 귀로 듣는 것hearing이고,
말이나 가르침이 담고 있는 의미meaning는 마음으로 듣는 것listen입니
다. 그러므로 잘 들으려면 마음을 기울여 듣는
경청傾聽, mindful listening을 해야 합니다.

주님께서 '들을 귀가 있는 사람'은 알아들어라 하신 말씀이 바로 이 뜻
입니다.
성경에는 "들어라listen!" 하는 말씀이 참 많이 나옵니다.
이는 곧 마음을 기울여
열린 마음,
겸손한 마음,
공감의 마음,
배우는 마음으로 들으라는 말씀입니다.
정말 중요한 소리 곧 마음의 울림이나 진리의 소리는
마음의 귀로만 알아들을 수 있기 때문입니다.
오늘 많이 말하기보다는, 마음 기울여 깊이 듣는 하루가 되었으면 합
니다.

마음이 기울어야 할 곳

어릴 적 기억에 아버님은 사납고 힘센 소를 잘 다루셨습니다.
어떤 때에는 말 그대로 황소고집으로 거칠고 사납다가도 아버지의 손
에만 가면, 온순하고 충직하게 달구지도 잘 끌고, 논이며 밭도 잘 갈았
습니다.

'마음心, mind, heart'도 잘 다룰 수 있다면 참 좋겠습니다.
그러나 마음처럼 그렇게 다루기 어려운 게 없습니다.
비록 내 마음이지만, 내 마음을 내 마음대로 부리지 못합니다.
마음에 대하여 쉽게 알 수 있는 것은 마음은 그대로 두면
대개 그때그때 가장 좋아하는 것,
즐겁고 쉽고 재미있고 편한 것, 만족과 쾌락을 얻는 것,
눈앞의 잇속이나 자기 욕심을 따라 움직인다는 사실입니다.

그러기에 마음 기우는 대로 하다 보면 당장은 좋고 이익이 되는 것 같지만, 나중에는 크게 후회되는 일이 적지 않습니다.

지나고 나서 마음의 방향을 돌아보면 갈팡질팡, 우왕좌왕, 좌충우돌이 많았습니다.

성경은 우리의 마음이 잇속에 따라 기울면 안 된다고 말씀합니다.

북극성이 항상always 그 자리에 있어 배의 항로를 인도하듯이,

우리 마음도 늘 바라볼 마음의 북극성이 있어야 합니다.

마음을 세상의 잇속으로 기울게 하는

돈과 권력과 명예의 유혹이 클수록,

옳음과 바름을 구분하기 어려운 어수선하고 마음의 어두움이 짙은 밤일수록,

고난과 시련 가운데 믿음조차 의심케 할 만큼 거대한 폭풍우 몰려오는 날일수록,

그럼에도 요동 없이 눈을 들어 바라보아야 할 마음의 북극성이 필요합니다.

성경은 하느님의 사랑과 진리의 말씀이

우리 마음을 비추는 북극성이라고 말씀합니다.

우리 마음이 기울어야 할 곳은 세상의 잇속이나 자신의 욕심이 아니라,

자비를 베풀고 선을 행하며 세상을 아름답게 하는 일로 우리를 이끄시는 영원하신 하느님의 말씀입니다.

마음을 다 한다는 것

성경 말씀

마음을 다하여 야훼를 믿어라…

Trust in the Lord with all your heart...

(잠언Proverbs 3:5, 공동번역; NRSV).

눈이 있고 귀가 있고 손이 있지만 마음을 통하여 보고 듣습니다. 굳이 마음이 모든 문제와 사상의 핵심이라는 왕양명의 '심학心學'이나 인간사 모든 것이 마음이 지어내는 것에 기인한다는 불교 화엄경의 '일체유심조一切唯心造'를 언급하지 않아도 대략 마음의 그러함을 살아가면서 경험합니다.

천 길 물속은 알아도 한 길 사람 속마음은 모른다.

내 마음을 몰라주는군요.

이럴 때의 '마음'은 어디서 나온 말일까?

마음의 어원말뿌리 풀이는 다양합니다.

어떤 사람은 마음mind을 르완다어 'mera + mo'에서 나온 말로, 모든 것을 느끼는 것이나 곳place을 의미한다고 합니다. 또 어떤 주장은 무엇이 내 안에 '머금는다' 혹은 '머무른다'에서 마음이 나왔다고도 합니다. 어떤 설명은 마음의 어원을 순수함, 청정무구, 깨끗함을 의미하는 〈맑다〉로 풀이하여, '맑음'이 변하여 마음이 되었다고 합니다.

또 다른 풀이는 옛 몽고나 만주어에서 기원을 찾아 '마'는 참되다, 옳다, 처음의 뜻이 있는데(예: 마땅하다, 맞다) 이 말과 생명을 지닌 씨를 담고 있음을 뜻하는 말인 '움'이 합하여 '마움'이 '마음'으로 되었다고도 합니다.

매일 우리말을 쓰지만 정작 어떤 경우에는 우리말의 어원에 대하여는 생무지인 경우가 많아 어느 주장이 더 정확하다고 말하기 어렵습니다. 우리말 '마음'은 우리 민족의 마음과 정신을 담은 다양하고 심오한 의미를 지닌 토박이말임은 분명합니다.

비록 어원학적으로 '마음'이라는 말이 어디서 나왔는지 정확히 모르지만, 우리는 늘 '마음'의 바다에서 살고 있습니다. 마음은 내 안에서 만들어지고, 내가 만든다는 것입니다. '마음'은 내가 누구에게 줄 수 있는 '내 안에 있는' 나만의 가장 맑고 소중하고 참된 그 '무엇'입니다.

그러므로 우리는 마음 앞에서 순수하고 진지해야 합니다.
내 '마음'을 함부로 지어내거나 가벼이 쓸 수 없습니다.
'모진 마음, 인색한 마음, 무시하는 마음'을 내려놓아야 합니다.
그리고 누구에게나 또한 모든 일에 '마음'을 다해야 합니다.
성경은 하느님께 '마음'을 다하여 드리라고 합니다.
정성을 다해 진실한 마음, 온 마음, 참 마음을 드리라는 말씀입니다.

하느님께 나를 담고 있는 내 '마음을 다하는 것' 그것이 믿음이요 예배입니다.

늘 한결같은 마음

저 사람은 한결같아!
어떤 사람이나 대상이 처음부터 끝까지 변함없이 늘 같은 경우에 쓰는
좋은 말입니다. 요즘에는 이름에도 '한결'이라는 말이 많이 쓰입니다.
깊은 뜻을 담은 좋은 이름입니다.

한결이란 변함이나 변덕 없고 그 기상이나 마음이
늘 고르고 일정하며 박력迫力 있으라는 뜻을 지닌 우리말입니다.
우리말 '결'이라는 뜻은 나무, 돌, 살갗, 비단 따위의 조직이 굳고 무른
부분이 모여 일정하게 켜를 지으면서 짜인 바탕의 상태나 무늬를 뜻합
니다.
그 결이 흐트러짐이나 변화 없이 늘 일정한 경우에 한결같다고 합니다.
비슷한 의미로 시종여일始終如一, 여상如常, 시종일관始終一貫 등이 있습니다.

영어로는 대개 constant, unchanging, consistent를 사용합니다.

늘 한결같기란 여간해서 쉽지 않습니다.
매화梅, 난초蘭, 국화菊花, 대나무竹가 사군자四君子로 선비들에게 즐겨 그려지고 기림을 받는 것도 어쩌면 그 한결같음 때문일 것입니다. 이에 비하여 사람들의 삶은 수시로 변덕變德하고, 버럭하고, 의기소침하고, 도섭하고, 사풍스러울 때가 있습니다.

그러나 성경은 하느님은 한결같으신 분이라고 말씀합니다.
우리가 젊어도, 늘어 백발이 성성해도, 우리가 힘이 있거나 없어도,
세상의 높은 자리에 있거나 그 자리에서 내려와도,
하느님의 사랑은 늘 한결같습니다.

하느님을 닮아 늘 한결같음을 지니고 살고 싶습니다.
부귀의 다소나 지위의 고하에 관계없이
모든 사람을 한결같이 대하고 싶습니다.
세상의 유혹이나 누구의 위세나 겁박에 흔들림 없이
한결같은 마음으로 세상을 바라보고 싶습니다.
가난할 때나 부할 때나 굴곡 없이,
늘 한결같은 마음으로 하느님을 기뻐 찬양하고 정성을 다하여
예배하며 살고 싶습니다.

어른이 되는 길

우리 사회에 믿고 따를 수 있는 '어른'이 없다는 말을 가끔 듣습니다.
어른이 그리운 시대입니다. 사전을 보면 대개, 다 자란 사람 혹은 지위
나 나이, 항렬行列이 자기보다 높은 사람, 결혼한 사람 등을 어른이라 합
니다.

'어른'의 말 뿌리어원에 대한 설명은 매우 다양합니다.
'어른'을 '얼우다'에서 나온 말로 보는 견해가 있습니다. 이는 섞다, 합
한다는 뜻으로 남녀 간의 결합을 뜻하는 말입니다. 이는 '혼인' 여부를
어른의 기준으로 본 셈입니다. 아마도 우주 음양陰陽 이치인 남녀 관계
를 알 수 있는 책임적 존재가 되어야 어른이라 여긴 듯합니다.
다른 설명은 정신 곧 '얼spirit'이 다 자란 사람을 어른이라 하였다고 합

니다. 정신을 의미하는 '얼'의 성장 여부를 어른의 기준으로 보았습니다. 어른이란 얼이 커서 지혜를 갖추고 존경받을 만한 사람이라는 뜻입니다.

이 외에 어른을 성숙한to be ripe, mature 사람으로 풀이하는 주장도 있습니다.

위의 세 가지 설명을 종합해 보면 어른이란 나이보다도
우주 음양의 이치를 아는 존재, 자신의 행동을 책임질 수 있는 책임적 존재, 지혜와 존경을 지닌 사람, 성숙한 삶에 이른 사람 등을 의미합니다.
이제 생물학적인 나이나 결혼 여부로
'어른'을 규정하던 시대에서 벗어나야 합니다.
몸body은 절로 자라고, 세월 흐르면 나이도 절로 먹지만
어른은 저절로 되지 않습니다.
어느 시인의 표현대로 인생의 태풍 몇 개 지나고,
고난과 위기의 언덕 몇 개 넘어야,
옳고 그른 소리나 객쩍은 소리 구별할 줄 알고,
쓴소리도 불편 없이 새겨들을 줄 알아야 어른이 됩니다.
고난과 두려움, 아픔과 상처의 깊은 구렁에서 담담하게 긍정과 감사, 너그러운 이해와 조건 없는 용서를 건져 올려야 어른이라 할 수 있습니다.

성경은 어른이 되라고 말씀합니다.
어른이 되는 길은 즐겨 배우는 학인學人의 길과 진지한 구도자求道者의 길 어디쯤인 듯합니다. 주님의 말씀을 따라 늘 배우는 마음으로 즐겨

듣고, 묻고, 깊이 생각하는 학인學人의 길을 걸어야 합니다.

그리고 겸손히 자신을 낮추고 비우는 가운데 주님의 뜻을 찾는 구도자의 길을 걷다 보면 어느 날 문득 '어른'이 될지 싶습니다.

내면의 깨끗함이 먼저입니다

가끔 국내·외에서 눈과 귀에 거슬리는 일들을 많이 접합니다.
마음이 답답하고 불편하며, 참담하기도 하고 때로 노여운 마음이 들
기도 합니다.
옛날의 선인先人들은 이럴 때 어떠했을까?
오늘날처럼 SNS도 없고, 함께 모이기도 여의치 않던 시절
천하의 패도覇道와 불의에 맞서 '옳음'을 지키려던 분들은
거친 소리를 들었거나 불의한 일들을 보았을 때 어찌했을까?
초야草野로 물러가서, 귀를 씻었다는 기록이 많이 나옵니다.

중국 요순시대의 허유許由는
요임금이 자신에게 권력을 넘겨주겠다는 소식을 듣고는 시냇가로 가

서 귀를 씻었습니다. 이것을 본 친구 소부巢父는 '더럽혀진 귀를 씻은 더러운 물'을 자신의 소에게 마시게 할 수 없다며, 더 위로 올라가 소에게 물을 먹였다는 이야기가 있습니다.

신라 말기의 고운孤雲 최치원은 국운이 쇠해가는 신라 말기 국정의 난맥과 타락을 피하여 초야로 내려가 귀를 씻었습니다. 하동 계곡의 세이암洗耳岩이 그것입니다.

초야로 물러남은 불의不義에 대한 분명한 반대와 거절을 의미합니다.

귀를 씻는다는 것은 자신을 씻음입니다. 이는 나름 세상에서 '옳음'을 지켜내려는 사람들의 기개이며 자신을 지켜내려는 단호함입니다. 비록 옛날의 고고한 선비가 아닐지라도

우리 역시 수시로 나도 모르게 세상 소식으로 더럽혀진 귀와 눈을 꾸준히 씻어내야 합니다.

누구를 미워하거나 무엇과 거칠게 싸우다보면 근묵자흑近墨者黑, 나도 모르게 부지불식간에 싸움의 대상이 지닌 허물과 과오를 닮을 수 있기 때문입니다.

주님께서는 바르게 살려면 그릇의 바깥은 물론 먼저 '잔 속'을 깨끗이 닦으라 하십니다.

깨끗이 하라는 말씀은 내면의 정결에 힘쓰라는 말씀입니다. 깨끗함은 힘이 있습니다.

공직 사회가 기강이 해이하다는 말이 자주 나옵니다. 기강의 핵심은 공정하며 사심 없음 곧 깨끗함입니다. 낡은 관행이나 부패로 썩은 오리汚吏보다 깨끗한 염리廉吏나 청백리淸白吏가 많을 때 공직 사회는 국민

의 사랑을 받습니다.

깨끗함은 또한 종교의 힘이요 신앙의 생명입니다.
주님께서 꾸준히 자신의 내면을 닦아 깨끗이 하라는 이유가 여기에 있습니다. 그래야 세상에서 '옳음'과 '바름'을 지키며 선하고 따뜻한 삶을 살 수 있습니다.

하나, 모든 것의 시작

성경 말씀

그리고 아버지와 내가 하나인 것처럼 이 사람들도 하나가 되
게 하여 주십시오
Then they will be one with each other, just as you and
I are one(요한복음John 17:11, 공동번역; NRSV).

'하나', 뜻이 깊고 간결하며 예쁜 우리말입니다.
한자어로 일一, 영어로 one이라 합니다.
구약성경〈창세기〉는 이 하나에 대하여 말씀합니다.
곧 한 분이신 하느님에게서 온 세상과 우주가 비롯되었다고 말씀합니다.
동양의 고전『노자老子』에도 비슷한 개념의 말이 나옵니다.
도생일道生一, 일생이一生二, 이생삼二生三, 삼생만물三生萬物이라 합니다.
도眞 곧 진리眞理가 하나를 낳고, 하나가 둘을 낳고,
둘이 셋을 낳고, 셋이 자연 만물을 낳았다는 의미입니다.

창세기의 말씀에서 보듯이 한 분 하느님 곧 '하나'가 모든 것의 시작입
니다.
하나에서 모든 것이 나옵니다.

사람은 본래 '하나' 곧 만물의 근원이신 하느님에게서 나왔기에 하나
가 되어야 평화롭고 행복합니다.

그런데 참으로 하나 되기가 정말 어렵습니다.
본래 하나였던 남북한은 어언 73년이 지났어도 아직 하나 되지 못하
고 있습니다. 서로의 부족함을 인정하고 상호 신뢰와 이해를 바탕으
로 속히 하나 되기를 갈망합니다.
진리를 추구한다는 세상의 종교와 종교들도,
같은 주님을 고백하는 교회와 교회들도 서로 하나 되지 못하고 있습
니다.
미국 안에서 흑인, 백인, 황인 사이에도 아직 충분히 하나 되지 못하는
모습을 봅니다.
너무 가까워 촌수가 필요 없는 무촌無寸지간인 부부간에도,
한 피를 나눈 형제자매 간에도, 하나를 추구하는 종교인끼리도
이처럼 진정 하나 되는 것이 쉽지 않습니다.
하나 됨의 어려움입니다.

예수님은 늘 하느님과 '하나'로 사셨습니다.
하나에서 오는, 하나 안에서 누리는
사랑과 기쁨, 평화와 자유, 능력과 영원 안에 머무르셨습니다.
예수께서는 제자들과 사람들이 서로 '하나' 되기를 기도하셨습니다.
우리 역시 힘써 하나 되기를 구하고 힘쓰며 살아야 합니다.
하나 되려면 자기를 낮추고, 비우고, 양보하고, 내려놓아야 됩니다.
상대방을 배려하고, 높이고, 존중해야 하나가 됩니다.

하느님으로부터 오는 하나의 은혜를 경험해야
비로소 모든 것 내려놓고 하나가 됩니다.

함께 나눌 말씀이 있는지요?

어떤 사람의 말이나 행사에서 핵심이 없을 때,
흔히 '앙꼬 없는 찐빵'이라는 말을 합니다.
찐빵의 생명은 달콤하고 부드러운 앙꼬에 있습니다. 앙꼬anko는 일본에서 온 말로 떡이나 빵 같은 음식에 들어 있는 팥을 뜻하는 말입니다. 우리말로 하면 '팥소 없는 찐빵' 정도가 되겠지요.

나의 말과 행동에 그 핵심인 팥소앙꼬가 있는지요?
기독교인 더 넓게 말하여 종교인들이라면 나름 삶의 핵심인 '팥소'가 있어야 합니다.

참 사람을 지향하는 기독교인의 앙꼬는 '말씀'입니다. 진리를 추구하는 사람은 로고스 곧 '말씀'이 있어야 합니다. 헬라어 '로고스λογος'는 우리말로 말씀 혹은 진리로 번역되고 영어로는 the Word로 조금 의역하여 Message로 번역하기도 합니다.

역경과 순경順境 혹은 기쁨과 슬픔 속에서
또는 참과 거짓의 선한 싸움 속에서
인생행로를 바르게 가려면
내면의 핵심인 '말씀'이 있어야 합니다.
오늘 성경 말씀은 회당에 모인 사람들이 바울로와 바르나바에게
"한 말씀 해 주십시오"라며
내면의 핵심인 마음에 담고 있는 '말씀'을 청합니다.
바울로 사도는 회당에 모인 사람들에게 담대하게 자기 인생의 팥소앙꼬인 '주님의 말씀'을 전합니다.

일생 나를 붙잡아 주는 말씀, 다른 사람에게도 기꺼이 들려줄 '말씀'이 있는지요? 내 인생의 생활원칙으로 여길 금과옥조金科玉條의 말씀이 있어야 합니다.

자녀나 친지나 다른 사람에게 간절하고 묵직하게 권할 수 있는 '말씀'이 있어야 합니다.

슬픔과 고난 가운데 있는 이웃에게 전할 위로의 기쁜 소식 곧 '말씀'이 있어야 합니다.

죽음 앞에서도 흔들리지 않도록 나를 지켜 줄 바로 그 '영원한 말씀'이

있어야 합니다.

행복한 인생, 신실한 크리스천의 앙꼬_{팥소}는 '말씀'입니다.

'말씀' 없는 인생은 팥소_{앙꼬} 없는 찐빵이며, 짠 맛을 잃은 소금입니다.

일생 마음에 품고 살아갈 진리의 '말씀'을 지닌 인생은 마음에 복음의

'팥소'를 지닌 보드랍고 따끈한 찐빵입니다.

한 해의 끝은 새해의 시작

12월 31일, 한 해의 마지막 날입니다.

음력으로 제일除日 혹은 섣달그믐날이라 하지요.

태양을 도는 황도黃道를 나눈 물리학적 시간이야 동일하겠지만, 하루하루에 의미를 붙인 달력을 사용하는 우리 사람들에게는 나름 특별한 의미가 있는 날입니다.

한 해가 가고 또 다른 한 해가 시작되는 특별한 날입니다.

한 해가 가는 것은 아쉽지만 간다는 것은 또한 온다는 것이니 아쉬움과 설렘이 교차합니다.

구약성경은 하루의 시작을 저녁에서부터 출발합니다.

이렇게 첫날이 밤, 낮 하루가 지났다(창세기 1:5, 공동번역).

저녁이 되며 아침이 되니 이는 첫째 날이니라(창세기 1:5, 개역번역).

하루의 시작을 아침으로 보는 우리의 시간관과는 달리 히브리인들은 저녁부터 하루가 시작된다고 봅니다. 보통 우리가 생각하는 끝the end 혹은 마침終의 자리인 밤을 새로운 시작이 일어나는 출발점으로 삼습니다.

저녁에 이어 아침이 오듯이, 연말年末은 새로운 시작 곧 새해가 시작되는 자리입니다. 어제는 과거이고, 내일은 미래이고 그러나 현재present인 오늘은 선물present이라는 말이 있습니다. 섣달 그믐날 곧 한 해의 끝 날은 앞으로 맞이할 또 다른 삼백예순다섯 번의 '오늘'이라는 선물을 맞이할 준비를 하는 날입니다.

지난 한 해를 돌아보며 겸손하고 고요한 성찰의 자리에서, 다시 희망과 설렘 가운데 새로운 꿈을 꿀 때입니다. 사실 한 해를 사는 거창한 마음이 따로 있을 리 없습니다. 전 성공회대 교수이셨던 신영복 님의 시 〈처음처럼〉의 한 대목입니다.

처음으로 하늘을 만나는 어린새처럼,
처음으로 땅을 밝고 일어서는 새싹처럼…
마치 아침처럼 새봄처럼 처음처럼,
언제나 새 날을 시작하고 있다. …

한 해를 사는 지혜는 언제나 '처음처럼' 어린애 같은 새 마음으로 하루의 저녁과 밤을 제대로 맞이하는 데 있습니다.
날마다 한 해의 마지막 날이라는 마음과
날마다 새해의 첫날이라는 마음을 가지고,
반가움과 희망 가운데 하루하루를 맞이하고
늘 고마운 마음으로 정성을 다해 살아가는 것입니다.

오늘도 새 마음, 새 기운, 새 희망 마음에 담고
Happy New Year! 외치면서
가는 해 곱게 배웅하고,
깊은 감사와 벅찬 희망의 마음으로
오는 새해 반갑게 맞으면 좋겠습니다.

후기

쓰고 나니 부족한 마음입니다.

군이 새실맞게 불립문자不立文字를 말하지 않아도 내려주신 은혜나 마음의 생각을 있는 그대로 문자로 표현하는 일이 얼마나 힘든 일이며 제게는 가당한 일이 아니라는 생각이 듭니다. 문자는 사람을 죽이고, 성령은 사람을 살린다는(2고린 3:6) 말씀이 새삼 떠오릅니다.

비록 거친 글이지만 글과 함께 가끔 아침 산책에서 만나는 숲속의 네 계절의 풍경도, 곧고 기상 있게 뻗은 소나무와 참나무의 모습도, 새소리와 물소리도, 언제나 수줍고 말이 없는 들풀의 피고 짐도, 오솔길에서 자주 마주치는 성치 못한 아들과 함께 산책하는 이웃집 Gary 할아버지의 미소도 전하고 싶었습니다. 우리 한인교회의 웃고 울며 부대끼는 사람 냄새와 어떻게든 복음을 전하고자 무진 애쓰는 땀 냄새 물씬 나는 풋풋한 정경도 담고 싶었습니다. 무디고 둔하여 미처 담지 못한 듯합니다.

이 책의 글은 혼자 쓰지 않았습니다.
인생과 신앙의 길에서 만난 여러분과 함께 썼습니다.
미국에서 한인교회를 시작하기 위하여 올 때 기도로 도우신 분들, 수년 동안 선교후원으로 함께 하시고 격려해 주신 분들과 함께 썼습니다. 이곳 한인 사회에서 언제 갑자기 소리 없이 사라질지도 모르는 수

많은 개척 교회 실패의 모습을 보면서도, '건강하고 올바른 신앙 공동체' 세워 복음 전하겠다는 일념 하나로 용감하고 신실하게 개척 교회의 가족이 되신 교우님들과 함께 썼습니다. 저와 함께 하신 여러분 모두가 저자입니다. 저자를 소개합니다. 이름은 대략 한글 자음 순서를 따랐습니다. 개인정보 보호 차원에서 교회 이름은 따로 넣지 않았습니다. 미리 허락을 받으려 하면 분명 모두 손사래를 치실듯하여 허락받지 않고 이름을 올렸음을 알려드립니다. 경솔한 나무람은 제가 받겠습니다.

강희일 이클라라, 강화석, 강루시아, 고은주헬레나, 곽동임, 권복규, 김영환사무엘 박프리스카, 기춘자 기주호(Silver Spring), 김미형마리아, 김승조다윗, 김원회 박마리아, 김정숙, 김경중 윤세실리아, 김기창 고경선, 김우대 최루시아, 김태원 이경애, 김철호 임루시아, 김선경 카타리나, 김경선, 김영기, 김영수 채한나, 김화영, 김용재, 김정옥, 김명선, 김명숙, 김현욱, 김봉기, 김양선, 김재식, 김다비다, 김진태, 김정환

노상현, 류재천, 문명진, 문세실리아, 문규옥, 문운영, 박종미 최베드로, 박수천 유데레사, 박데레사, 박옥순, 박재형, 박재찬, 박용현, 박명숙, 박기서 이휘데스, 박로렌스 이순경, 박원희, 박춘자, 박정희, 박정순, 변준연, 박현배, 방마리아, 방민환바우로 이데레사, 방비비, 배청, 배은경한나(Boston), 박수아, 방애심로사, 서원 윤경숙, 신효순 이로사, 신세실 안상희, 신영옥그레이스, 신원철, 신보실 김희용, 손옥길, 손율리아나, 신정금 이상택, 성낙관, 심다마리

이재현디모데오, 이경수루시안, 이선덕스테반, 이성애, 안재금, 이인재 위카타리나, 이춘의 박프리스카, 이종원안나, 이혜경에레나, 이연희, 이가브리엘 전복순, 이루가 이종선, 이홍중솔로몬, 이미경카타리나, 이인숙, 이상인, 이정옥, 이연호, 이남선 권안드레, 이성심 유요엘, 이클라라, 이신덕 고미연, 임남순, 임대성 김실비아, 오진석, 유마리아, 이성배, 유인선빌립보, 유니니안, 유옥경 주디모데오, 안현숙, 여헬레나

조청애마가렛, 정진현클라라, 전기토마스, 정메리, 정순진, 조데레사, 조문건세치과, 주은선, 정옥진, 정인경리디아, 정호철, 정태두 윤베로니카, 조세형, 조문성, 채수인 박데레사, 최기준 홍아가타, 최소은, 최상돈 양윤하, 최성훈, 천그레고리, 천병순, 최명숙 신어거스틴, 최승범기운찬 한의원, 추루시, 한상진 황프리스카, 함폴리갑 함세실리아, 황옥순애린, 한율리아나, 한영자 최미카엘, 황윤철요한, 하누다, 황주익베드로, 한광수, 한상복 최클라라, 한상철 김사라, 한충희, 한정차, 한영춘 목클라라, 한경희휘데스, 홍준현

서울교구, Beacon선교회, 예수사랑선교회, 수심목, 광명교회바우로회, 광명교회유니게회, 광명교회어머니회, 간석교회어머니회, 거룩한씨앗, 도봉교회어머니회, 도봉교회학생회, 동대문교회, 동대문교회안드레회, 송촌초등학교 22회 동창회, 여성교회위원모임(서울주교좌교회), 안양교회후원모임, 광명교회, 동대문교회, 서울주교좌교회, 안양교회, 약수동교회

김근상 주교님, 김니니안 신부님(뉴욕), 김영일 신부님, 김재열 신부님, 김대술 신부님, 김선희 신부님, 김홍일 신부님, 김현호 신부님, 고애단 신부님(LA), 류직열 신부님, 석광훈 신부님, 신알렌 주교님(뉴욕교구), 유모세 주교님, 이베드로 주교님, 차인환 신부님, 최용준 신부님, 한발렌틴 신부님

여러분의 기도와 후원으로 2012년 3월 워싱턴D.C. 지역에 교회가 시작되었습니다.

사역 초기 얼마 동안 아내 한 사람 앞에 놓고 어색하고 민망히(?) 설교할 때 흔들리는 마음을 붙잡아 준 것은 멀리서 보내주시는 여러분의 기도였습니다. 미국에서 만만치 않은 개척 과정을 이겨낼 힘을 준 것은 주님 안에서 보내주시는 여러분의 사랑과 후원이었습니다. 이제는 교회가 우뚝 섰습니다. 주님께서 영적 충만함과 다양한 은사를 지닌 믿음의 선한 일꾼을 많이 보내주셨습니다. 교회 개척 과정 속에서 나온 묵상을 비록 투박하지만 글로 옮겼습니다. 그러므로 이 글은 개척 과정에 함께하신 여러분 모두의 글이기도 합니다.

종은 울려야 종이고, 새는 울고 또 노래해야 한다고 합니다.

사제의 길 역시 진리의 말씀을 듣고, 생명의 복음을 전하며, 정성을 다해 하느님을 예배하고 공동체와 함께 주님의 사랑을 세상과 나누며 살아가는 데 있습니다.

앞으로도 여러분과 함께 묵묵히 사제의 길을 가겠습니다.

주님의 몸 된 교회를 세우는 일에 기도로 격려로 후원으로 섬김으로

함께 하신 모든 분 위에, 주님께서 주시는 은총과 평화가 함께하시기
를 기도드립니다.

인생 여정에서 이렇게 좋은 분들을 만나게 하시고,

하느님의 거룩한 일을 함께 이루게 하신 주님께 감사드립니다.

읽어 주신 모든 분들께 감사드립니다.

감사합니다. Peace be with you! Aloha!

최상석(아타나시오) 사제 드림

마음의 평화와 행복한 삶을 위한 3분 생활묵상

우물가 두레박

2019년 1월 17일 초판 1쇄 인쇄
2019년 1월 24일 초판 1쇄 발행

지은이 | 최상석
펴낸이 | 김영호
펴낸곳 | 도서출판 동연
등 록 | 제1-1383호(1992. 6. 12)
주 소 | 서울시 마포구 월드컵로 163-3
전 화 | (02)335-2630
전 송 | (02)335-2640
이메일 | yh4321@gmail.com

ISBN 978-89-6447-482-2 03040